KB143179

지구를 선택한 사람들

우리 지구를 위해
행동한 11명의
환경 이야기

지구를
선택한
사람들

박재용 지음

다른

LEVEL 1

환경 감수성 20%

각 인물이 활동했던 시대에는 지구에 무슨 일이 있었을까요?
시대별 주요 사건을 인물의 삶과 연결해서 바라보면
우리가 사는 지구를 더욱 깊이 이해할 수 있을 거예요.

LEVEL 2

환경 감수성 40%

본문을 읽기 전, 각 장 첫 쪽에 들어간 **인물 프로필**을
살펴보세요. 어떤 사람인지, 무슨 일을 했는지 한눈에 파악
할 수 있어요. 재미는 덤입니다!

LEVEL 3

환경 감수성 60%

자신만의 신념을 가지고 행동한 인물들의 삶을 **흥미로운
이야기**로 만나 보세요. 성장 배경, 성격, 꿈 등을 알고 나면
그들이 역사에 남긴 업적을 자연스럽게 이해할 수 있습니다.

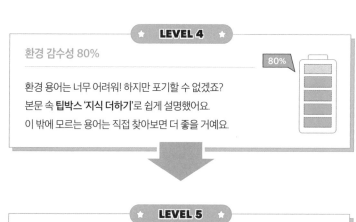

LEVEL 4

환경 감수성 80%

환경 용어는 너무 어려워! 하지만 포기할 수 없겠죠?
본문 속 **팁박스 '지식 더하기'**로 쉽게 설명했어요.
이 밖에 모르는 용어는 직접 찾아보면 더 좋을 거예요.

80%

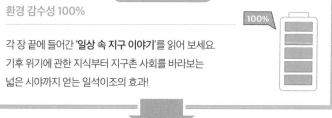

LEVEL 5

환경 감수성 100%

각 장 끝에 들어간 **'일상 속 지구 이야기'**를 읽어 보세요.
기후 위기에 관한 지식부터 지구촌 사회를 바라보는
넓은 시야까지 얻는 일석이조의 효과!

100%

레벨 마스터
어디 가서 환경 좀 안다고
말해도 좋습니다!

우리 지구에는 어떤 일들이 있었을까?

 1895
내셔널 트러스트 설립

1854
헨리 데이비드 소로 《월든》 출간

1902
비어트릭스 포터 《피터 래빗 이야기》 출간

1997
스베틀라나 알렉시예비치
《체르노빌의 목소리》 출간

1991
김종철
〈녹색평론〉 창간

1990
엘리너 오스트롬
《공유의 비극을 넘어》 출간

1986
체르노빌 원자력발전소 폭발 사고

2009
엘리너 오스트롬
여성 최초로 노벨 경제학상 수상

2011
후쿠시마 원자력발전소
폭발 사고

2015
파리기후변화협약 체결

2015
베르타 카세레스 골드만 환경상 수상

1954

데이비드 애튼버러
〈동물원 탐사〉 다큐 시리즈 기획

1960

제인 구달
탄자니아에서 야생 침팬지 연구 시작

1962

레이철 카슨
《침묵의 봄》 출간

1977

왕가리 마타이
그린벨트 운동 시작

1972

세계 환경의 날 제정
(매년 6월 5일)

1970

지구의 날 제정
(매년 4월 22일)

1972

미국 DDT 사용 금지

2018

2018

전 세계 청소년의 미래를 위한 금요일

2019

버네사 나카테
우간다 국회 앞에서
기후위기 1인 시위

fin!

차례

1

나라를 대신해

내셔널 트러스트

자연을 지키다

1866~1943

비어트릭스 포터

비어트릭스 포터

Beatrix Potter

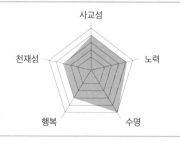

나라가 못하면
내가 해야지

프로필

출생·사망   1866년~1943년
국적   영국
직업   동화 작가, 농부, 곰팡이 학자
특이사항   낮에는 농부, 밤에는 작가

대표 이력

내셔널 트러스트 운동의 주창자
영국 최초의 지역 양사육사협회 여성 대표
아갈리시네의 포자균에 관한 논문 제출
《피터 래빗 이야기》 출간

연관 검색어

피터 래빗
레이크 디스트릭트
내셔널 트러스트
린네학회 사과

재미로 보는 인물 그래프

사교성
천재성
노력
행복
수명

피터 래빗이라는 이름을 아나요? 누구나 그림을 보면 바로 알아차릴 만큼 아주 유명한 토끼입니다. 100년도 훨씬 더 된 옛날이야기에 나오는 토끼지요. 요즘에는 그림책뿐 아니라 책가방이나 필통, 마스크에서도 만날 수 있어요.

피터 래빗을 주인공으로 한 그림책이 처음 세상에 나온 건 1902년입니다. 영국의 비어트릭스 포터라는 작가가 《피터 래빗 이야기》라는 그림책을 쓰고 그렸죠. 처음에는 책을 내주겠다는 출판사가 없어서 포터는 자기 돈으로 책을 냈어요. 그런데 그 책이 사람들 사이에 입소문이 돌면서 출판사와 정식으로 계약하고 출간하게 되었죠. 책은 나오자마자 바로 베스트셀러가 되었고, 순식간에 전 세계에서 4,000만 부가 넘게 팔렸어요. 100년이 지난 지금은 모두 1억 5,000만 부가 넘게 팔렸다고 해요.

비어트릭스 포터는 1866년 영국의 런던에서 태어났습니다. 도시에서 자랐지만 어릴 때부터 동물을 아주 좋아했다고 해요. 집에 토끼는 물론이고 개구리, 고슴도치, 박쥐 같은 동물까지 길렀다고 합니다. 포터는 자기가 기르는 동물을 그리는 일에도 진심이었습니다. 어릴 때의 경험이 쭉 이어져 《피터 래빗 이야기》라는 책으로 나온 거지요.

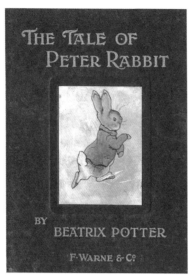

1902년에 출간된 《피터 래빗 이야기》 표지

영혼의 땅, 레이크 디스트릭트

포터는 열여섯 살에 가족과 함께 레이크 디스트릭트로 여행을 갔어요. 우리말로 '호수 지역'이라는 이름답게 영국에서 가장 큰 호수인 웨이스트워터와 윈드미어가 있는 곳이죠. 영국에서 가장 높은 산인 스카펠파이크도 여기에 있습니다. 숲과 호수, 산, 폭포 등이 어우러진 아주 멋진 곳이죠. 지금은 유네스코 세계문화유산으로 지정된 국립공원이기도 합니다. 그러니 포터가 이곳에 완전히 반해 버린 것도 무리는 아닙니다.

포터는 레이크 디스트릭트에서의 삶을 꿈꿨습니다. 하지만 10대 소녀가 부모님을 떠나 레이크 디스트릭트로 혼자 갈 수는 없었지요. 포터는 런던에서 생활했지만 레이크 디스트릭트는 포터의 마음 한쪽에 계속 남아 있었습니다. 언젠가는 그곳으로 가겠다고 10대부터 마음먹었지요.

《피터 래빗 이야기》가 큰 성공을 거두자 포터는 자신의 꿈을 이룰 때가 되었다는 걸 알았습니다. 어릴 때부터 꿈꾼 레이크 디스트릭트로 정말 이사를 했죠. 그 과정에서 우여곡절이 참 많았어요. 당시로선 드물게 포터는 서른이 넘도록 결혼도 하지 않았습니다. 그러다 책을 내는 과정에서 만난 출판사 편집자와 사랑에 빠졌지요. 포터는 그와 결혼을 결심하고 약혼까지 했습니다.

포터의 집안은 꽤 잘사는 상류층이었습니다. 더구나 당시 영국은 계층 차별이 심했고요. 그런데 포터의 약혼자는 돈도 별로 없고 집안도 좋지 않았습니다. 부모는 반대했지만 포터는 약혼을 밀어붙였지요. 포터가 39세 때의 일입니다. 그런데 약혼자가 약혼하고 한 달 만에 악성 빈혈로 세상을 떠나고 말았어요.

둘은 결혼한 뒤 당연히 레이크 디스트릭트에서 살려고 했습니다. 포터는 책을 팔아 번 돈과 고모에게서 물려받은 유산을 합쳐 땅과 농장, 집을 샀습니다. 결국 혼자 레이크 디스트릭트에서 살게 되었습니다. 포터는 이웃 농부의 도움을 받아 낙농 기술

레이크 디스트릭트의 아름다운 풍경

나라를 대신해 자연을 지키다

과 가축 사육을 공부하고 훈련을 거듭했어요. 주변의 목초지를 사서 양과 소를 본격적으로 기르기 시작했습니다. 완전히 레이크 디스트릭트의 농부가 된 거죠. 포터는 그곳에서 낮에는 소와 양을 돌보고, 저녁에는 글을 쓰고 그림을 그리며 살았습니다.

어릴 때부터 생물학에 관심이 많았던 포터는 양 떼 사이에 도는 질병에 관해 당시의 최신 치료법을 실험하면서 양치기와 농장 관리자들하고도 긴밀한 관계를 만들어 나갔죠. 그런 노력을 인정받아 포터는 1942년 지역 양사육사협회 최초의 여성 대표가 되기도 했습니다.

땅 부자가 된 이유

포터는 레이크 디스트릭트에 정착한 뒤에도 계속 땅을 샀습니다. 농장 14곳, 집 20채에 약 500만 평이 넘는 땅을 사들였죠. 혼자 농사를 짓기에도, 머물기에도 너무 큰 땅이었습니다. 포터가 이처럼 많은 집과 땅을 산 것은 부동산에 투자해 돈을 벌겠다는 욕심 때문은 아니었습니다.

우리나라도 마찬가지지만 당시 영국도 다양한 개발 사업 열풍이 불고 있었습니다. 새로 집을 짓고, 공장이며 도로, 다리가 곳곳에 세워졌죠. 레이크 디스트릭트도 마찬가지였습니다. 포터는 레이크 디스트릭트의 자연이 무분별한 개발에 파괴되는 모

포터가 살았던 힐탑 농장 건물

나라를 대신해 자연을 지키다

습을 지켜보고만 있을 수 없었습니다. 당시 영국 정부는 그런 개발 사업에 대해 알아서 하라는 식이어서 별다른 규제도 하지 않았습니다. 결국 포터는 자기 돈으로 호수 주변의 땅을 사서 개발을 거부했던 것이지요.

포터의 행동은 친구이자 멘토인 캐넌 하드윅 론슬리라는 사람의 영향을 많이 받았습니다. 론슬리는 성공회 신부이면서 동시에 환경운동가였습니다. 포터는 그와 교류하면서 알게 된 내셔널 트러스트 운동에 적극적으로 참여한 것이죠.

내셔널 트러스트 운동은 간단히 말해서 보존할 가치가 있는 곳의 땅을 시민들이 모은 돈으로 사서 개발하지 못하도록 막는 일입니다. 그런데 넓은 땅을 사려면 돈이 많이 드니 소수가 아니라 아주 많은 사람이 참여해야 합니다. 그러면 모금에 동참한 사람들 사이에 땅의 소유권을 두고 골치 아픈 문제가 생길 수밖에 없죠. 이래서는 관리가 힘드니 내셔널 트러스트라는 단체가 결

🌱 **지식 더하기**   ⊗ ⊖ ⊘

우리나라의 내셔널 트러스트 운동

우리나라에서도 내셔널 트러스트 운동이 이루어지고 있습니다. 한국 내셔널 트러스트는 2000년 출범하였으며 강화 매화마름 군락지, 동강 제장마을, 연천 DMZ 임야, 영주 내성천 범람원, 함평 군유산 임야, 임진강 두루미 서식지 등 시민 유산을 확보하여 보존·관리하고 있습니다.

성되었습니다. 사람들이 단체에 돈을 기부하면 단체 이름으로 땅을 사서 관리하는 방식이었죠. 포터가 구입한 땅도 그가 죽은 후 거의 대부분 내셔널 트러스트에 기증되었습니다.

땅을 사서 땅을 지키는 운동

영국의 내셔널 트러스트는 영국 전체에 걸쳐 350곳이 넘는 자연과 문화유산을 소유하고 관리합니다. 그들이 소유한 땅은 2020년 기준으로 약 7,713만 평에 달합니다. 축구장의 3만 5,000배 정도 되고, 영국 전 국토의 약 1.5퍼센트에 해당하는 굉장히 넓은 면적입니다. 영국에서 정부 이외에 가장 많은 땅을 소유한 곳이 내셔널 트러스트입니다. 내셔널 트러스트는 다양한 종류의 수집품도 가지고 있습니다. 건물을 구입할 때 건물에 있던 그림과 동상 등 미술품도 같이 구입했기 때문이죠.

내셔널 트러스트가 벌인 사업 중 가장 중요한 것은 1960년대 중반의 넵튠 프로젝트였습니다. 당시 영국은 자가용이 급격히 늘어나던 시기였습니다. 자동차가 늘어나니 자연스레 도로도 계속 늘려야 했습니다. 그 과정에서 해안도로 건설 등으로 영국의 해안선이 훼손될 위기에 처하자, 그 주변 땅을 사들여 보존하겠다는 것이 넵튠 프로젝트였지요. 그 결과 내셔널 트러스트는 2020년 기준으로 영국의 해안선을 1,260킬로미터나 소유하게 되었습니다. 아름다운 해안선을 보존하려는 노력이 결실을 거둔 셈이지요.

내셔널 트러스트가 영국의 자연과 문화유산을 보존하는 데 나름대로 큰 역할을 한 것은 사실입니다. 하지만 그들의 활동에 대한 비판도 없진 않았습니다. 이들이 주로 소유한 곳 중에는 귀족들의 저택이 많습니다. 아무래도 귀족들이 많은 돈과 정성을 들여 지은 저택은 보통 집보다 훨씬 멋지고 보존할 가치가 있는 것처럼 보이니까요. 하지만 영국에 보존해야 할 문화유산이 죄다 귀족들 것뿐이냐는 비판과 엘리트주의에 빠졌다는 비판이 제기된 것이죠. 우리나라로 치면 가난한 농민들의 허름한 주택은 보존할 필요가 없고, 양반들의 번쩍번쩍한 집만 보존하는 식입니다.

그리고 또 하나 더 중요한 문제가 있었습니다. 영국은 17~19세기 세계를 지배하던 제국이었습니다. 인도, 오스트레일리아, 아프리카, 동남아시아 등 전 세계에 식민지를 두어 '해가 지지 않는 나라'라고 불렸습니다. 그 당시 영국 귀족들 중에는 노예 거래를 통해 거대한 부를 쌓아 올린 사람도 많았습니다. 당연히 내셔널 트러스트의 문화유산에서도 그 흔적을 엿볼 수 있습니다. 대표적으로 제2차 세계대전 당시 영국을 이끌던 윈스턴 처칠 수상의 시골집도 내셔널 트러스트에서 관리했는데 그곳에도 노예제의 흔적이 남아 있었습니다.

이런 비판에 내셔널 트러스트라고 마냥 모르는 체할 수는 없었습니다. 노예제 폐지 200주년인 2007년부터 내셔널 트러스트는 자신들이 관리하는 재산과 수집품에 대해 재조사를 시작했습니다. 그리고 2020년에 발표된 결과는 놀라웠습니다. 내셔널 트러스트가 소유하고 관리하는 곳의 3분의 1이 식민주의, 노예제와 관련이 있었기 때문입니다.

내셔널 트러스트는 이런 사실을 확인함으로써 자신들의 문화유산을 지킬 뿐만 아니라, 선조들의 책임에 대해서도 명확히 하려는 태도를 보이고 있습니다. 하지만 비판이 완전히 사라지진 않았습니다.

여성 학자로 산다는 것

포터에게는 아픈 기억이 있습니다. 어릴 적 포터는 동물에게도 관심이 많았지만 식물이나 진균류 같은 다른 생물에도 관심이 많았습니다. 진균류는 실 모양의 세포를 만들어서 포자로 번식하는 생물을 일컫는 용어입니다. 예를 들어 버섯이나 곰팡이가 있지요. 포터는 특히 다양한 모습과 색깔을 가진 버섯을 그리는 걸 좋아했습니다.

그러다 박물학자이자 아마추어 미생물학자인 찰스 매킨토

시를 만나면서 곰팡이에 더 깊은 관심을 갖게 되었습니다. 24세 무렵에는 매킨토시에게 곰팡이의 분류법을 배우고 버섯 그림을 더 정확하게 그리는 데도 도움을 받았습니다. 또 매킨토시가 가지고 있던 다양한 곰팡이 견본도 볼 수 있었지요.

포터는 버섯이나 곰팡이를 그리는 데 만족하지 않았습니다. 현미경으로 포자를 관찰하면서 곰팡이가 어떻게 번식하는지 연구하기 시작했죠. 포터의 집안이 영국에서도 꽤 상류층이었다고 이야기했지요? 당시 영국은 같은 계층끼리 활발한 교류가 있었습니다. 포터는 그런 인연을 통해 세계 최대의 식물원인 큐식물원의 학자들과도 교류했습니다. 그러면서 포자 발아에 대한 이론을 발전시키기 시작했지요.

마침내 이론을 완성한 포터는 런던 린네학회에 아갈리시네의 포자균에 관한 논문을 제출했습니다. 린네학회는 당시 세계에서 가장 권위 있는 생물학회였습니다. 자연사와 진화, 분류학에 대한 연구와 보급에서 따라올 곳이 없었죠. 하지만 당시 런던

🌿 **지식 더하기**　　　　　　　　　　　　❌ ➖ ⊘

린네학회
자연사, 진화, 분류학에 대한 정보를 연구하고 보급하기 위해 1788년에 설립된 단체입니다. 생물에 대한 분류를 체계화한 '분류학의 아버지'인 스웨덴의 박물학자 칼 폰 린네를 기념하기 위해 명칭을 린네학회로 지었습니다.

　　　　　　　　　비어트릭스 포터

포터가 남긴 버섯 그림

린네학회는 다른 과학 학회와 마찬가지로 남성만을 위한 곳이었습니다. 여성은 아예 회원 자격조차 없었고, 논문을 제출할 수도 없었습니다. 더구나 포터는 대학에서 정식으로 공부한 사람이 아니라 아마추어였으니 더했습니다. 결국 포터는 자신의 논문을 직접 제출하지 못하고 큐식물원의 부원장이 대신 발표했습니다.

하지만 포터의 논문은 철저히 무시당하고 말았습니다. 포터의 20대는 사실 곰팡이를 중심으로 한 생물학 연구에 매진한 시기였는데 말이죠. 결국 여자라는 이유로, 또 아마추어라는 이유로 학계에서 무시당하면서 학자로서의 꿈을 접게 되었습니다. 그때부터 포터는 영국의 자연과 동물을 그리는 일에 집중하게 되었지요. 포터가 《피터 래빗 이야기》를 발표한 것은 그로부터 10년이 지난 뒤인 36세 때의 이야기입니다.

하지만 포터의 발자취는 생물학계에 여전히 남아 있습니다. 포터는 자신이 그린 버섯 그림을 아미트박물관과 도서관에 기증했습니다. 미생물학자들은 균을 식별하는 연구를 할 때 포터가 기증한 그림을 자주 인용하곤 합니다. 포터와 함께 연구했던 찰스 매킨토시는 스코틀랜드의 퍼스미술관에 자신의 자료를 기증했는데, 거기에도 포터의 그림이 있습니다. 나중에 월터 케네디 핀들레이라는 유명한 균류학자는 자신이 지은 《웨이사이드와 우드랜드 균류》라는 책에 포터의 버섯 그림을 싣기도 했죠.

결국 1997년 런던 린네학회는 포터의 연구를 다루는 과정에서 드러난 성차별을 사과했지만, 늦어도 너무 늦은 사과였습니다. 포터가 논문을 제출한 지 거의 100년이 지난 후였고, 그가 사망한 지 50년이 지난 후의 일입니다.

국가의 역할?

원래 나라의 문화유산과 자연환경 그리고 생태계를 지키는 것은 기본적으로 정부가 해야 할 일이 아닐까요? 시민의 기부와 자원봉사 등에 의존한다는 것은 뭔가 역할이 바뀌었다는 생각이 들기도 합니다.

당시 유럽에서는 정부가 최소한의 치안과 국방 등만 책임지고 나머지는 시민들이 각자 알아서 하도록 내버려 두는 것이 좋다는 자유방임적 야경국가론이 주도했습니다. 이는 언뜻 국가가 규제나 간섭을 최소화함으로써 시민의 자유를 보장한다는 장점이 있어 보입니다. 이전 군주제에서 국가가 부당하게 시민의 권리를 침해했기 때문에 국민들도 자신들의 자유가 최대한 보장되길 원하기도 했습니다.

하지만 이는 반대로 국가가 자신의 역할을 소홀히 하는 모습으로 나타났습니다. 땅을 개발하고 공장을 짓는 일에 일절 관여하지 않았죠. 결국 보존할 필요가 있는 유물이나 자연환경도 시민들이 알아서 지켜야 했습니다.

자유방임적 국가관은 이후에 많은 비판을 받습니다. 정부가 개입하지 않으니 돈 있고 권력 있는 사람들과 가난한 사람들 사이의 격차가 커지는 불평등 문제가 심각해졌기 때문입니다. 국가가 힘이 약한 노동자의 권리를 지켜 주지 못하니 사업주가 최대한 이윤을 확보하기 위해 노동자에게 최저

1948년 국가의료제도를 도입하고 병원을 찾은 영국의 보건부 장관

수준의 임금을 지불했습니다. 그러다 보니 결국 열 살짜리 어린이도 탄광이나 섬유 공장에서 일을 할 수밖에 없었죠. 지키고 보존해야 할 것들이 파괴되는 문제도 발생했습니다. 자기 땅이면 뭘 해도 괜찮고, 돈만 있으면 주변의 땅을 사서 뭘 하든 관여하지 않았던 것이죠.

결국 제2차 세계대전이 끝나면서 유럽 대부분은 최저임금제나 실업보험, 의료보험 등 사회보장제도와 가난한 사람들의 권리를 지키는 법을 만들고, 문화유산과 자연 보호에 앞장서게 되었습니다.

2

시대를   월든

앞서간

숲속의 은둔자

1817~1862

헨   리

데 이 비 드

소   로

헨리 데이비드 소로

Henry David Thoreau

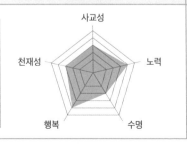

자연과 인간은
둘이 아니지

프로필

출생·사망	1817년~1862년
국적	미국
직업	작가, 철학자, 시민운동가
특이사항	하버드 출신의 타고난 반항아 숲속에서 생태주의적 삶을 실천함

대표 이력

《월든》, 《시민의 불복종》 출간

연관검색어

월든

은둔 생활

자급자족

시민 불복종

재미로 보는 인물 그래프

사교성

천재성

노력

행복

수명

집에서 키우는 동물을 예전에는 애완동물이라고 부르곤 했습니다. 그런데 요사이 반려동물이라 칭하는 사람들이 많아졌습니다. 단순히 나의 만족을 위해 키우는 것이 아니라 생활을 같이 하는 동반자라고 생각하기 때문입니다. 이제는 반려식물이라는 말도 있을 정도입니다. 마찬가지로 요사이 자주 보이는 길고양이 같은 경우도 도시의 한 구성원으로 받아들이고 같이 지내려는 이들이 늘어났습니다. 이런 인식 변화의 바탕에 생태주의가 있습니다.

18세기 산업혁명 이후 200년이라는 시간 동안 인류는 자연을 필요할 때 사용할 수 있는 일종의 창고라고 생각했습니다. 나무는 잘라서 목재로 사용하고, 초원은 개간해서 밭으로 이용했습니다. 석탄이나 철광, 석유, 천연가스 같은 자원도 먼저 캐는 사람이 임자였지요. 사람들은 별생각 없이 숲을 베고 초원을 파헤쳐 공장을 짓고 도로를 내고 도시를 세웠습니다.

바다도 마찬가지였습니다. 바다의 풍부한 자원은 인간의 음식이 되고 가축의 사료가 되었지요. 바다에 방파제를 세우고, 갯벌을 메워 간척지를 만들었습니다. 자연은 이용의 대상이었고 또 무한하게 남아 있을 줄 알았습니다.

자연, 인류의 동반자

20세기 중반을 지나면서 인류는 전에 없던 환경 파괴를 마주하게 되었습니다. 고작 200~300년의 성장이 가져온 폐해였습니다. 이처럼 성장주의의 어두운 면이 부각되면서 새로운 사상이 나타났습니다. 자원은 무한한 것이 아니고, 자연은 착취의 대상이 아니라는 깨달음을 얻은 것이죠.

인류가 만든 문명이 동식물이 사는 곳을 파괴하고, 공장과 발전소에서 나오는 공해 물질이 지구의 대기를 오염시켰습니다. 훼손된 자연은 인간에게도 고통으로 다가왔습니다. 결국 사람들의 생각이 바뀌기 시작했습니다. 처음에는 인간이 자연을 훼손하면 그만큼 인간에게도 손해가 된다는 생각이었습니다. 인류가 피해를 보지 않으려면 자연을 보호해야 한다고 여겼죠.

1970년에 환경 보호를 주제로 만들어진 미국의 우표

그러나 아무리 환경을 보호하려 해도 상황이 자꾸 악화되고 개선될 여지가 보이지 않았습니다. 끊임없는 경쟁 가운데 모두가 다른 나라나 기업보다 더 빠른 성장, 더 큰 매출, 더 많은 이익을 위한 무한대의 싸움을 벌이고 있었기 때문이지요. 지구는 점점 더 황폐해지고 있었습니다. 산업 사회를 유지하고 성장을 지속하면서는 도저히 자연을 보호할 수 없다고 생각하는 이들이 늘어났습니다.

그에 따라 자연스레 인간에게 손해냐 이익이냐는 계산 이전에 자연과 인간은 지구라는 행성에서 함께 살아가는 동반자라는 의식이 싹텄습니다. 또 자연과 인간이 서로 어울리면서 지속 가능한 삶을 이루기 위해서는 인간 사회에 근본적인 변화가 필요하다는 주장이 힘을 얻게 되었습니다. 이를 생태주의 ecologism 라고 합니다.

생태주의는 성장을 가장 우선시하던 이제까지의 사고를 버리고, 덜 만들고 덜 소비하자는 주장입니다. 지구의 주인은 인간이 아니라 지구에서 살아가는 모든 생명이며, 이들과 더불어 살아야 한다는 생각이죠. 평소 접하는 환경 단체들의 다양한 이야기는 대부분 이런 생태주의적 관점에서 바라본 것들입니다.

생태주의는 20세기 후반부터 본격적으로 등장했습니다. 하지만 그 철학적 기원은 아주 오래전부터 있었습니다. 동양 사상

헨리 데이비드 소로

은 흔히 자연과의 조화를 중시한다고 하지요. 중국의 도교 사상이나 유교 사상도 마찬가지입니다. 하지만 서구 유럽이 인류의 중심이 된 17세기 이후 주목을 받지 못했습니다. 낡고 뒤떨어진 생각이라고 여겼기 때문이죠. 그러다 서구 물질문명에 문제의식을 느낀 사람들이 이런 동양 사상을 토대로 생태주의적 사고를 시작했습니다. 그때가 19세기 무렵이었습니다. 그중 오늘날 생태주의에 아주 큰 영향을 준 사람이 바로 헨리 데이비드 소로입니다.

숲속으로 들어간 철학자

1817년 미국 매사추세츠 콩코드에서 태어난 소로는 철학자이자 시인이며 수필가였습니다. 환경운동과 노예제 폐지 운동을 펼친 활동가이기도 했습니다. 하버드대학교를 졸업한 후 연필 제조업자, 교사, 측량사 등 다양한 일을 했지만 평생 한 직업에 정착하지 않고 학문 연구에 집중한 사람입니다.

소로는 우리에게 《월든》이라는 책으로 많이 알려져 있습니다. 월든은 미국 매사추세츠 콩코드에 위치한 숲속의 호수 이름입니다. 1845년 소로는 호수 옆에 다섯 평짜리 오두막을 짓고 2년여 동안 혼자 지냈습니다. 집도 스스로 지었고 먹을거리도 손수 재배했습니다. 돈이 필요할 땐 측량사, 목수 일을 하면서 돈을

《월든》

소로가 월든 호숫가에서 혼자 살며 자연과 인생에 대한 사유와 자신의 숲속 생활을
에세이 형식으로 정리한 책입니다. 고독의 친구가 되고, 시간의 주인이 되어야 하며,
자연에서 모든 것을 배워야 한다는 내용을 담고 있습니다.

벌었습니다. 누구에게도 기대지 않고 숲속에서 자연과 벗하면서 살아간 시간이었습니다. 숲속 생활에서 그는 삶을 이어 나가기 위한 최소한의 노동 외에 모든 시간을 자연을 관찰하고 사색하는 데 썼습니다. 그리고 자신의 생각을 글로 정리하면서 보냈습니다. 그 기록을 《월든》이라는 책으로 펴낸 것이지요.

그는 이 책에서 자연과 인간이 둘이 아니라 사실은 하나라는 주장을 펼쳤습니다. 자연과 하나가 될 때 사회가 우리에게 씌운 굴레에서 벗어나 삶의 목적을 온전히 깨닫고 자유롭게 살 수 있다고 주장했죠. 우리가 사회에 얽매여 살다 보면 오히려 인간의 본성을 잃어버리게 된다는 것이었습니다.

소로가 본 당시 사회는 모두 경제적 성공에 매달린 채 삶의 목적을 잃어버린 곳이었습니다. 그래서 소로는 상업이 도덕적 자유를 파괴하고 인간을 물질적 재화에 가둬 버린다고 말했습니다. 다시 말해 상업적(경제적)으로 성공하고자 하는 욕망이 도덕적 실천을 하고자 하는 인간의 본성을 억제하고, 도리어 물질

《월든》 초판본 표지

적 부를 얻기 위해 인간다운 삶을 살 자유를 앗아 간다는 것이죠.

아주 틀린 말은 아닌 것이 지금도 많은 사람이 경제적 성공을 마치 인생의 성공인 양 생각하고 있습니다. 성공의 정도를 그 사람이 얼마나 많은 재산을 가지고 있느냐 또는 얼마나 많은 월급을 받느냐로 판단하죠. 유튜버가 각광을 받게 된 것은 그 사람들이 하고 싶은 일을 하며 자유로운 삶을 살기 때문이 아니라 많은 수익을 내기 때문입니다. 연예인이나 운동선수가 선망의 대상이 된 것도 그들이 상상하기 어려울 만큼 많은 돈을 벌기 때문이지요.

개인만이 아니라 국가도 마찬가지입니다. 어느 국가가 선진국이냐는 일인당 소득이 얼마인지로 나누고, 어느 나라가 살기 좋은가는 그 나라의 총소득이 얼마나 되느냐로 따집니다. 국가 전체의 경제 성장률이 얼마나 되는지, 수출은 얼마나 많이 하는지를 가지고 판단하죠.

소로는 경제적 성공보다 더 중요한 삶이 있으니 그것은 내면의 풍요로움을 느끼고, 검소하게 사는 것이라고 생각했습니다. 또한 인간의 이기심과 탐욕을 내려놓고 전쟁과 노예제도를 비롯한 물질문명에서 벗어나야 한다고 주장했습니다. 그리고 이를 위해선 신이 베푼 자연과 함께하는 삶이 무엇보다 중요하다고 생각했습니다.

하지만 그가 현대 과학을 부정한 것은 아니었습니다. 그는 찰스 다윈이 쓴 《종의 기원》을 미국에서 가장 먼저 읽고 지지한 사람 중 한 명이었으며, 생물학을 공부해 자신의 삶에 응용하기도 했습니다. 그에게 자연을 알기 가장 좋은 방법 중 하나가 과학이었습니다.

시민이여, 불복종하라

소로는 자연을 벗 삼아 검소하고 자유로운 삶을 살자고 주장하는 데 그치지 않았습니다. 오히려 사회 문제에 대해서도 줄

헨리 데이비드 소로

곧 큰 목소리를 내고 실천하기도 했습니다. 소로의 이런 면모는 그가 쓴 책《시민의 불복종》에 잘 드러납니다. 이 책의 핵심은 '정부가 잘못된 정책을 펼칠 때 시민은 그에 복종하지 않고 적극적으로 거부해야 하며, 정부의 정책을 바꾸기 위한 노력을 해야 한다는 것'입니다.

물론 그때도 프랑스 대혁명이나 미국 독립전쟁 등 국가 권력에 대항하는 시민들의 운동이 없지는 않았습니다. 하지만 이는 대부분 제국이나 왕국의 민중이 왕에 대항하는 운동이었습니다. 소로는 왕이 아니라 시민들이 뽑은 정부라 하더라도 잘못된 정책을 펼치면 거부하고 불복종해야 한다고 주장했습니다. 그래서 책의 제목도 원래는 '시민 정부에 대한 불복종'이었습니다. 그는 다수가 동의한 정책이나 법률이라 할지라도 도덕적 정당성을 갖지 못한다고 판단되면 양심에 따라 이를 거부하거나 위반하는 행동을 해야 한다고 주장했으며, 이를 시민 불복종이라고 했습니다.

그는 《시민의 불복종》에서 정부가 사람을 부당하게 가둔다면 정의로운 사람이 있어야 할 곳은 다름 아닌 감옥이라고 했습니다. 정부는 결국 정의로운 사람을 모두 감옥에 가두든가 아니면 그가 강하게 반대한 전쟁이나 노예제도를 포기하든가 둘 중 하나를 선택해야 한다는 뜻이었죠.

사실 그가 월든 호숫가에 혼자 살게 된 이유는 자연과 벗하며 살겠다는 이유 때문만은 아니었습니다. 당시 미국 사회 전반에 당연하게 이루어지고 있던 흑인 노예제도에 반대하고, 멕시코와의 전쟁에 항의하는 목적이 더 컸습니다. 딱 하루뿐이지만 숲속에서 나온 다음 감옥에 갇히기도 했습니다. 노예제도와 전쟁에 대한 반대의 표시로 인두세 납부를 거부했기 때문입니다. 인두세란 말 그대로 사람 머릿수에 맞추어 걷는 세금입니다. 당시 미국 정부는 인두세를 걷은 돈으로 멕시코와의 전쟁을 벌이고 있었습니다. 이 때문에 소로가 납부를 거부한 것이죠.

소로에게는 당연한 일이었습니다. 자연과 사람이 둘이 아니라 하나이듯이 세상의 모든 사람은 동등한 인격을 갖추었다고 생각했기 때문이죠. 따라서 인간을 노예로 부리는 제도는 당연히 거부해야 할 일이었습니다. 또한 멕시코와의 전쟁도 이런 노예제도를 유지하고 확대하려는 의도를 가지고 있다고 생각해서 반대한 것이죠.

이런 소로의 행동과 주장은 많은 이들에게 큰 영향을 끼쳤습니다. 대표적인 인물이 인도의 마하트마 간디입니다. 인도의 비폭력 독립운동을 이끌었던 간디는 소로의 《시민의 불복종》을 읽고 많은 영감을 얻었습니다. 그의 비폭력 운동도 《시민의 불복종》에서 출발했습니다. 간디는 소로에 대해 "미국이 만들어

헨리 데이비드 소로

낸 가장 위대하고 도덕적인 인물"이라고 말했을 정도입니다.

1960년대 흑인에 대한 차별에 맞서 비폭력 운동을 이끌었던 **마틴 루서 킹** 또한 소로의 《시민의 불복종》으로부터 자신의 운동에 대한 원칙을 세웠다고 말합니다. 그는 자서전에 "나는 악과 협력하지 않는 것이 선과 협력하는 것만큼이나 도덕적 의무임을 확신하게 되었습니다. 헨리 데이비드 소로만큼 이 아이디어를 전달하는 데 더 유창하고 열정적인 사람은 없습니다"라고 썼습니다. 그들뿐만 아니라 19세기와 20세기에 세상을 더 낫게 바꾸고자 했던 혁명가들은 소로의 《시민의 불복종》으로부터 크나큰 영향을 받았습니다.

🍃 **지식 더하기**   ⊗ ⊖ ⊗

마틴 루서 킹

미국의 목사로, "나에게는 꿈이 있습니다. 나의 네 아이들이 이 나라에 살면서 피부색으로 평가되지 않고 인격으로 평가받는 날이 오는 꿈입니다"라는 연설로 유명합니다. 미국이 세워질 때부터 뿌리 깊게 자리한 인종차별을 없애기 위해 앞장선 공로로 1964년 노벨 평화상을 수상하기도 했습니다.

지속 가능한 성장 VS 탈성장

기후 위기가 본격화되기 전인 1987년 국제연합(UN)은 〈우리 공동의 미래〉라는 보고서를 발표했습니다. 그 내용 중 하나가 '지속 가능한 성장'입니다. 지금의 우리가 너무 많은 자원을 쓰면 미래 세대가 쓸 것이 없어지니 그러지 말자는 뜻이지요. 1992년에 열린 UN 환경개발회의에서는 지속 가능한 성장을 21세기 지구 환경 보존을 위한 기본 원칙으로 정했습니다.

하지만 다른 생각을 가진 사람들도 있습니다. 현재의 소비 수준을 유지하면서 성장이 가능하냐는 의문을 가진 이들입니다. 이들은 재생에너지를 쓰는 것보다 더 중요한 것은 에너지를 덜 쓰는 것이라고 이야기합니다. 예를 들어 전기 자동차보다 더 좋은 것은 대중교통과 자전거를 이용하는 것입니다. 생분해성 플라스틱을 쓰기보다는 플라스틱 자체를 덜 쓰는 게 중요하고요.

이들은 탈성장을 주장합니다. 생태주의와 맞닿아 있는 주장이지요. 물질, 에너지, 공간의 소비와 소비를 자극하는 서비스의 생산을 줄이는 것이 위기를 해결할 유일한 답이라는 것이죠. 하지만 탈성장을 위해선 이제껏 우리가 누렸던 물질적 풍요를 포기해야 합니다. 과연 가능할까요? 지속 가능한 성장을 이룰 수 있는 방법은 없을까요? 아니면 탈성장만이 현재 인류가 처한 위기를 극복할 유일한 대안일까요?

3

살충제를

침묵의 봄

고발하는 봄

1907~1964

레 이 철

카 슨

레이철 카슨

Rachel Carson

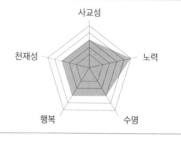

살충제는 인간과 환경에 모두 해로워

프로필		대표 이력
출생·사망	1907년~1964년	미국 연방어업국 연구원
국적	미국	《바닷바람을 맞으며》, 《우리를 둘러싼 바
직업	해양생물학자, 작가, 환경운동가	다》, 《침묵의 봄》 출간
특이사항	영문학도에서 해양생물학자, 환경운동가로 변신	환경운동의 선구자

연관 검색어

시한부 선고

DDT 고발

침묵의 봄

연대

재미로 보는 인물 그래프

사교성

천재성

노력

행복

수명

'다이클로로다이페닐트라이클로로에테인'이란 이름의 화학 물질이 있습니다. DDT라고 줄여 부릅니다. 1874년 오스트리아의 오트마어 자이들러가 처음으로 합성에 성공했습니다. 그리고 한참 뒤인 1939년에 스위스의 파울 뮐러가 DDT에 살충 효과가 있다는 사실을 발견했습니다.

그때까지 살충제는 제충국이라는 식물로 만들었습니다. 우리나라에서도 자라는 식물이죠. 이 살충제는 포유류처럼 체온이 일정한 동물에게는 별 해가 없지만 주위 환경에 따라 체온이 변하는 변온동물, 특히 곤충에게는 치명적인 독성을 가지고 있었습니다. 하지만 대량생산이 힘들었죠.

DDT는 공장에서 대량으로 합성할 수 있어 제충국 살충제보다 훨씬 쌉니다. 거기다 살충 효과도 더 좋고, 효과도 아주 오래 지속되었습니다. 정말 안성맞춤이었지요.

마침 그 시점에 제2차 세계대전이 일어났습니다. 열대 지방에서 전쟁을 하려면 티푸스나 말라리아, 뎅기열처럼 곤충이 옮기는 전염병을 예방하는 것이 중요했죠. 미국을 중심으로 한 연합군은 DDT를 대량으로 뿌리며 전쟁을 치렀습니다. DDT의 효과는 즉각적이었습니다.

죽음의 약, DDT

전쟁이 끝난 뒤에도 DDT는 전 세계적으로 사용되었습니다. 농사를 짓던 이들은 작물에 해를 끼치는 해충을 없애려고 논밭에 하얗게 DDT를 뿌렸고, 열대 지역에선 모기가 옮기는 말라리아를 예방하려고 웅덩이나 강가 곳곳에 DDT를 뿌렸습니다. 지금은 거의 보기 힘든 머릿니나 빈대를 없애려고 사람의 머리에도 뿌렸지요. DDT에 살충 효과가 있다는 걸 발견한 파울 뮐러는 1948년 노벨 생리의학상을 받기도 했습니다.

그러나 DDT에는 아주 커다란 문제가 있었습니다. 이를 밝혀내서 DDT 사용을 금지하도록 한 사람이 미국의 생물학자이자 작가였던 레이철 카슨입니다. 카슨은 원래 영문학을 전공하

미군 병사의 몸에 **DDT**를 뿌리는 모습을 시연하고 있다.

던 문학도였으나 동물학 교수들의 영향을 받아 해양생물학으로 전공을 바꿨습니다. 첫 직장도 미국 연방어업국이었지요. 카슨이 처음 쓴 책들도 《바닷바람을 맞으며》나 《우리를 둘러싼 바다》처럼 해양 생물에 관련된 것들이었습니다.

카슨은 제2차 세계대전이 끝난 뒤 농업을 활성화하기 위해 미국 정부가 농지에 농약을 대량으로 살포하는 데 문제의식을 느끼기 시작했습니다. 농약 중에선 DDT가 가장 널리 쓰였습니다. 카슨은 DDT를 조사하면서 여러 측면에서 문제가 심각하다는 걸 깨닫고 이를 제대로 알리려면 책을 써야겠다고 판단했습니다. 당시 카슨은 건강이 굉장히 좋지 않았지만 누구도 반박하기 힘들 만큼 상세한 자료를 찾고, 과학적으로 DDT의 문제점을 정확하게 확인하는 데 힘을 쏟았습니다. 자신이 책을 내면 DDT를 생산하는 기업이나 미국 농무부처럼 이해관계가 걸려 있는 집단으로부터 여러 비판이 가해질 걸 알고 있었기 때문입니다.

책을 내기 마지막 2년 전 카슨은 유방암에 걸린 사실을 알게 되었습니다. 당시 암은 치료가 쉽지 않아 시한부 인생을 사는 것과 마찬가지였지요. 카슨은 이 책이 자신의 마지막 결과물이 될 걸 예상합니다. 그래서 더 제대로 세상에 내놓기 위해 있는 힘을 다했지요. 그 결과가 바로 《침묵의 봄》입니다.

1962년 출간된 《침묵의 봄》에서 드러난 DDT의 문제는 심각했습니다. 먼저 DDT는 해충에게만 독성을 가지는 게 아니라 모든 곤충에게 독성을 가집니다. 식물의 꽃가루를 옮겨 주는 꿀벌, 나비, 딱정벌레에게도 치명적이지요. 곤충이 사라지면 식물은 열매를 맺지 못합니다. 식물이 자손을 퍼트리지 못하면 결국 봄이 되어도 새로운 꽃이 피지 못합니다.

더 심각한 문제는 DDT가 몸 안에 축적된다는 점이었습니다. DDT는 체내 지방에 녹은 채 그대로 보존됩니다. 그래서 곤충을 먹는 새와 개구리, 뱀 그리고 그 새와 개구리, 뱀을 먹는 살쾡이, 오소리 등에게도 DDT가 계속 전달됩니다. 풀에 뿌려진 DDT는 결국 소나 사슴, 말처럼 풀을 먹는 초식동물의 몸 안으로 들어가고, 이런 초식동물을 잡아먹는 곰이나 호랑이, 늑대와 같은 육식동물에게도 전달됩니다. 애초에 해충을 잡으려고 만든 DDT가 생태계의 모든 생물에게 해를 끼치게 되는 것이죠.

인간도 별수 없습니다. 곡식과 과일, 채소, 육류에 포함된 DDT는 사람에게 흡수되어 독성을 내뿜습니다. 더욱이 생물은

🍃 지식 더하기　　　　　　　　　　　　　　⊗ ⊖ ⊙

곤충이 사라지면

21세기에 들어 전 세계에서 꿀벌이 점차 줄어들고 있습니다. 꿀벌은 세계에서 꽃가루받이를 가장 많이 하는 곤충입니다. 꿀벌이 사라지면 꽃가루받이를 하지 못해 농사를 짓기가 힘들어질 뿐 아니라, 더 악화되면 생태계에도 심각한 영향을 미치게 됩니다.

진화를 통해 이에 대처합니다. DDT가 뿌려지고 몇 년이 지나자 DDT에 내성을 가진 모기가 등장하기 시작한 것이죠.

이런 사실이 《침묵의 봄》을 통해 드러나자 온 미국이 난리가 났습니다. 화학 회사와 미국 농무부 등의 비판이 있었지만, 사람들은 DDT가 미치는 피해가 이처럼 심각하다면 당장 사용을 중지해야 한다고 생각했습니다. 결국 미국 정부는 DDT 사용을 금지하기에 이릅니다. 미국만이 아니라 다른 나라들도 차례로 DDT 사용 중지를 결정했죠. 우리나라도 1979년 DDT의 생산과 유통, 사용 모두를 금지했습니다.

《침묵의 봄》은 출간된 지 60년이 지났지만 지금도 여러 나라에서 많은 사람이 읽고 있습니다. 이는 이 책이 단지 DDT라는 살충제를 금지하도록 만드는 데 그치지 않고, 현대 문명이 만든 다양한 환경 문제에 대중이 적극적인 관심을 가지게 만들었기 때문입니다. 《침묵의 봄》 이후 미국과 서유럽의 많은 사람이 환경 문제의 심각성을 깨달았고, 다양한 환경 단체를 만들거나 가입했습니다. 이를 통해 각국 정부와 기업은 환경 문제를 다루는 데 더욱 진지하게 접근할 수밖에 없었습니다.

레이철 카슨과 동료들

DDT 제조와 살포가 금지된 데는 카슨의 공이 큽니다. 그렇다고 모든 것이 카슨 혼자만의 힘으로 이루어진 것은 아닙니다. 카슨은 이전에도 살충제의 위험성을 우려했지만, 다른 일로 조사를 중단한 상태였습니다. 카슨이 다시 DDT에 관심을 가지기 시작한 건 친구인 올가 허킨스 덕분입니다.

전직 기자이면서 조류학자이기도 했던 허킨스는 남편과 함께 작은 규모의 새 보호 구역을 만들어 관찰하고 있었습니다. 그러던 1958년, 매사추세츠주 당국이 그 부근에 모기를 없애기 위해 DDT를 공중 살포했습니다. 허킨스와 남편은 새와 곤충이 여기저기 죽은 채 땅에 떨어진 것을 발견했죠. 둘은 조사를 통해 이런 일들이 DDT 때문에 발생했음을 확인했습니다.

허킨스는 〈보스턴해럴드〉에 이 현상에 대한 기사를 쓰고 주 정부에 항의하는 한편, 카슨에게 이 사실을 편지로 알렸습니다. 허킨스의 편지를 통해 그 심각성을 다시 한번 확인한 카슨은 DDT 문제에 집중하기 시작했지요. 여기에 세계에서 가장 오래된 환경 단체 중 하나인 미국의 오듀본협회가 카슨에게 재정적 지원을 했습니다. 카슨이 본격적으로 DDT를 조사하면서 집필한 4년 동안 오듀본협회의 지원은 큰 힘이 되었습니다.

한편 《침묵의 봄》에 인용된 다양한 과학적 근거들은 롱아일랜드의 환경운동가이자 정원사이면서 친구였던 마저리 스폭과 메리 리처드가 제공했습니다. 1957년 미국 정부는 이들의 땅을 포함한 롱아일랜드에 DDT 공중 살포를 시작했습니다. 집시나방이라는 해충을 없애려는 목적이었습니다. 그곳에서 농사를 짓던 이들과는 아무런 협의도 하지 않고 말이죠. 살포가 이루어지자 앞서 허킨스가 발견한 것처럼 주변의 곤충과 새가 죽기 시작했습니다. 농지 소유자들이 정부에 항의했고, 공중 살포를 금지하라는 재판이 이어졌습니다. 결국 재판은 지게 되었지만 스폭과 리처드는 이 과정에서 다양한 자료를 확보했습니다. 둘은 자신들이 모은 자료 대부분을 카슨에게 보내 주었습니다.

카슨의 동료이자 비서였던 진 데이비스의 협조도 빼놓을 수 없습니다. 진은 1959년부터 카슨이 사망할 때까지 비서로 일했습니다. 말기 암으로 움직이는 것도 힘들어하던 카슨의 집필과 일상을 도운 사람이 진입니다. 진이 비서 일만 한 것은 아니었습니다. 미국 국립보건원 도서관에서 DDT와 같은 화학 물질이 암을 유발하는 문제에 대해 조사하고 자료를 모았습니다. 여기에 미국 국립보건원의 도서관에서 사서로 일하던 도로시 알기어도

🍃 지식 더하기 ✕ ━ ⌃

오듀본협회

1905년에 설립된 가장 오래된 환경 단체입니다. 조류학자이자 조류 화가인 존 오듀본의 이름을 따서 단체 명칭을 지었습니다. 해마다 주최하는 조류 사진 공모전으로 유명하며, 주로 조류를 비롯한 야생동물의 생태계 보전을 목적으로 합니다.

레이철 카슨

큰 역할을 했습니다. 국립보건원 연구원들이 암을 유발하는 화학 물질을 조사했던 자료를 찾아 주었지요.

카슨은 말기 암에 십이지장 궤양으로 건강 상태가 극히 좋지 않았고, 조카와 어머니의 죽음으로 고통의 시간을 보냈습니다. 더구나 화학 회사들과 미국 농무부, 그리고 화학 회사에 우호적이었던 다른 과학자들의 공격에도 시달렸습니다. 그런데도 《침묵의 봄》을 완성하고 세상에 내놓은 것은 정말 대단한 일이 아닐 수 없습니다. 이런 일이 가능했던 건 허킨스와 스폭, 리처드 등 함께했던 여성 동료들의 지지와 연대 덕분이었습니다. 그래서 카슨의 업적에 대해 연구한 논문 중 하나는 제목이 '여성 대 남성 대 곤충: 《침묵의 봄》에 대한 초기 반응에서 성별과 인류 생태'입니다. 남성이 주도하는 기존 성장 위주의 정책에 대해 여성이 중심이 되어 반론을 펴고 생태주의적 관심을 제기했다는 내용입니다.

21세기에도 발견되는 DDT

2017년 경상북도에 자리한 한 양계장의 달걀과 닭에서 DDT 성분이 발견되었습니다. 다들 깜짝 놀랐습니다. 그 양계장은 닭을 좁은 우리에 가두지 않고 자연 상태에서 방목하며 친환경 유정란을 생산하기 때문이었습니다. 그래서 가격도 비쌌죠.

많은 사람이 친환경이라면서 DDT가 검출되었다고 분노했습니다. 소비자를 속였다고 생각했죠.

양계장 주인은 억울하다고 하소연했습니다. 그 양계장은 320종에 이르는 잔류 농약 검사를 통해 어떤 농약도 검출되지 않은 **친환경 인증**을 받은 곳이었습니다. 양계장 주인은 자신이 어떠한 농약도 치지 않았다고 주장했습니다. 닭을 키우는 데 농약이 필요할 이유도 없다고 했지요. 더구나 DDT는 1979년 제조와 사용이 금지되어 시중에서는 구할 수조차 없는 상태였습니다. 일부러 농약을 살포하려고 해도 방법이 없는 거죠.

조사를 해본 결과 농장에선 농약을 치지 않은 것으로 밝혀졌습니다. 농장이 생기기 전 그 장소는 과수원이었습니다. 과일나무를 키우는 과수원은 농약을 많이 쓰는 곳 중 하나입니다. 각종 해충이 워낙 많기 때문이지요. 그래서 사용이 금지되기 전 과수원은 DDT를 가장 많이 살포한 곳이기도 합니다. 사건의 실마

🌿 지식 더하기   ⊗ ⊖ ⦿

친환경 인증

친환경 인증의 종류에는 유기농산물과 유기축산물 그리고 무농약농산물이 있습니다. 유기농산물은 합성 농약과 화학 비료를 전혀 사용하지 않고 재배하는 경우에 해당하며, 유기축산물은 유기농산물로 만든 사료로 기른 축산물을 말합니다. 무농약농산물은 합성 농약을 전혀 사용하지 않고 화학 비료를 권장량의 3분의 1 이내에서 사용하는 경우에 해당합니다.

레이첼 카슨

리가 풀렸습니다. 앞서 DDT가 20세기 중반 살충제로 인기를 끈 이유 중 하나가 효과가 오래가기 때문이라고 했습니다. 분해가 잘 되지 않아서죠. 흙 속에서 DDT가 반으로 줄어드는 데는 약 15년에서 30년이 걸립니다. 즉 30년이 지나도 4분의 1에서 2분의 1 정도는 남아 있다는 이야기입니다. DDT 사용이 금지된 것이 1979년이니 2017년이면 38년이 지난 뒤입니다. 농장의 흙 속에는 아주 작은 양이지만 예전 과수원 때 뿌린 DDT가 남아 있던 것이죠.

축복이 재앙이 될 때

DDT처럼 등장할 때는 환호를 받다가 오히려 환경과 인간의 재앙이 되어 버린 존재들은 또 있습니다. 프레온가스가 대표적입니다. 에어컨이나 냉장고 같은 냉방기구에는 냉매가 필수적입니다. 처음 냉장고와 에어컨이 발명되었을 때는 냉매로 암모니아나 이산화황, 이산화탄소, 염화메틸 같은 물질이 사용되었습니다. 그러나 이들 물질은 새어 나올 경우 인체에 해를 끼치고 효율도 별로 좋지 못했습니다.

그 대체 물질로 개발된 것이 프레온가스입니다. 1930년대에 개발된 프레온은 대단히 안정적이고, 인체에도 별다른 해를 끼치지 않는 이상적인 물질이었습니다. 그래서 '어떠한 해도 없는 기체'라는 찬사를 받으면서 기존 냉매를 빠르게 대체했습니다. 하지만 시간이 지나면서 프레온가스가 대기의 오존층을 없앤다는 사실이 밝혀졌습니다. 불과 몇십 년 만에 남극과 북극의 오존층에 구멍이 생기고 말았죠. 그래서 1987년 몬트리올에서 프레온가스를 사용하지 말자는 협약을 맺기에 이르렀습니다.

과학기술의 발달은 우리에게 편리하고 쾌적한 삶을 제공합니다. 하지만 항상 도움이 되기만 하는 것은 아닙니다. 처음에는 축복으로 다가왔다가 어느덧 재앙이 되기도 합니다.

4

공유지의 비극에서

공동체의 힘

희망으로

1933~2012

엘리너 오스트롬

엘리너 오스트롬

Elinor Ostrom

혼자만 잘 살면 무슨 재미야?

프로필

출생·사망	1933년~2012년
국적	미국
직업	정치학자
특이사항	정치학자인데 노벨 경제학상을 받음

대표 이력

미국 인디애나주립대학교 석좌교수

미국 정치학회 회장

《공유의 비극을 넘어》 출간

2009년 노벨 경제학상 수상

연관 검색어

공유지의 비극

노벨 경제학상

경제 거버넌스 분석

공동체 민주주의

재미로 보는 인물 그래프

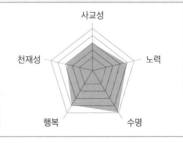

사교성

노력

수명

행복

천재성

어느 농촌 마을에 마을 사람들이 다 함께 사용하는 풀밭이 있습니다. 마을 사람들은 다들 소를 한두 마리 키우는데 봄부터 가을까지 이곳에서 풀을 먹이곤 했습니다. 그런데 사람들이 늘어나면서 키우는 소도 늘어났습니다. 사람들은 이전에 하던 방식대로 소를 풀밭으로 데려오고, 풀을 먹였습니다.

소가 늘어나자 풀이 자라는 속도보다 소들이 풀을 먹는 속도가 더 빨라졌습니다. 풀이 줄어들자 사람들은 자기 소에게 먼저 풀을 먹이려고 더 자주 풀밭을 찾았고, 곧 그곳에선 풀을 더 이상 볼 수 없게 되었습니다. 먹일 풀이 없어지자 소를 더 이상 키울 수 없게 되고, 소가 없으니 농사를 짓기 힘들어진 사람들은 마을을 떠나게 되었습니다.

미국의 생태학자 개릿 하딘이 1968년 과학 전문지 〈사이언스〉에 발표한 짤막한 에세이에 담긴 내용입니다. '공유지의 비극'이라고 하죠. 처음 공유지 문제를 들고나온 건 영국의 경제학자 윌리엄 포스터 로이드였습니다. 로이드는 마을 사람들 누구나 이용할 수 있는 영국의 목초지(셀슬리 코먼)를 예로 들어 공유지 문제를 이야기했습니다. 이에 주목한 하딘이 이를 일반화했죠. 논문도 아닌 에세이였지만 큰 반응을 불러일으켰습니다. 경제학,

영국 셸슬리 코먼의 소들

사회학 등 다양한 분야에서 이 글을 다루었죠.

아낌없이 주는 바다?

공유지의 비극은 비유가 아니라 실제로 일어나고 있는 일입니다. 대표적인 것이 어업입니다. 어업에는 양식도 있지만 그물이나 낚시로 잡는 경우가 많습니다. 우리나라 동해의 대표 어종은 명태였습니다. 하지만 너도나도 명태를 잡다 보니, 명태의 씨가 말라 버렸습니다. 그물을 던져도 명태는 없고 아직 명태로 크지 않은 노가리만 잡혔습니다. 그게 1960년대에서 1970년대의 일입니다. 하지만 어민들은 생계 때문에 노가리마저 마구 잡았습니다. 그러다 보니 이제 노가리도 보이지 않게 되었지요. 결국 지금 우리가 먹는 명태와 노가리는 모두 수입산입니다.

전 세계 바다에도 비슷한 현상이 나타납니다. 우리가 즐겨 먹는 참치 통조림은 모두 원양어선이 전 세계 바다에서 잡아들인 가다랑어나 날개다랑어 등으로 만듭니다. 그런데 원양어선들이 워낙 대규모로 잡아들이다 보니 이제 그물을 던져도 예전만큼 참치가 잡히지 않습니다. 그러니 어선들은 더 자주, 더 멀리 나가서 참치를 잡습니다. 이 과정에서 참치만이 아니라 다양한 물고기들이 같이 잡히고, 버려집니다. 원양어업만의 문제는 아니지만, 이 과정에서 전 세계 바다의 생물량이 20세기의 절반 수준으로 감소했습니다.

그런데 이 공유지의 비극은 앞서 살펴본 레이철 카슨의 《침묵의 봄》과 맞닿아 있습니다. 《침묵의 봄》에서 카슨은 사람들이 무분별하게 DDT를 비롯한 농약을 살포하는 문제를 다루었습니다. 모두 자신들의 이익을 위해서죠. 하지만 인간은 그리고 농업

🌿 **지식 더하기**   ⊗ ⊖ ⊘

원양어업
육지로부터 멀리 떨어진 바다에서 이루어지는 고기잡이를 말합니다. 육지 부근이 아니니 어느 나라의 소유도 아니죠. 따라서 비용을 지불하지 않아도 누구든 고기를 잡을 수 있습니다. 앞서 이야기한 '공유지의 비극'에 나오는 대표적인 예입니다.

은 따로따로 존재할 수 없습니다. 지구 전체를 이루는 생태계의 일부죠. 그런데 인간이 살포한 DDT는 이 생태계를 파괴합니다. 해충만 제거하는 것이 아니라 이로운 곤충도 죽이고, 이 곤충을 먹고 사는 새들도 죽입니다. 우리 모두가 가꾸어야 할 공유지를 파괴하는 것이죠.

하딘은 이 문제를 보는 시각을 조금 바꾸었습니다. 단순히 개인의 이기심에 그치지 않고 개인의 이기심이 서로를 경쟁하게 만들어 환경 파괴가 더 빠르게 일어난다고 본 것이죠. 따라서 이런 개인 또는 기업의 환경 파괴를 제어할 다른 방법을 찾지 않으면 지구 생태계가 파괴될 수밖에 없다고 주장했습니다.

공유지는 왜 비극으로 끝날까?

공유지의 비극에 대한 에세이가 발표되고 난 뒤 다양한 영역에서 사람들이 해결책을 찾고자 했습니다. 하지만 언뜻 쉬워 보이는 이 일이 생각만큼 쉽지는 않았습니다. 서양의 경제학은 애덤 스미스의 《국부론》에서 시작되었다고들 말합니다. 《국부론》에서 애덤 스미스는 사람들이 자신의 이익을 위해 경제 활동을 하면 이것이 모여 사회 전체의 발전을 이루게 된다고 이야기했습니다. 기업이 돈을 벌기 위해 열심히 사업을 벌이고 개인도 열심히 경제 활동을 하면, 자연스럽게 국가 전체의 발전도 이루어진다는 것이었죠. 이런 애덤 스미스의 생각이 20세기 중반까지 이어져 온 경제학의 기본 원리였습니다.

하지만 하딘이 제기한 공유지의 비극은 이런 경제학의 기본 원리가 틀렸다고 주장합니다. 개인들이 자신의 이익을 위해 열심히 경제 활동을 하는데 공유지는 사라지고, 개인에게도 결국 손해가 돌아간다는 겁니다.

공유지 문제의 핵심은 그곳의 소유권이 누구에게도 없다는 점과 공유지가 한정된 자원이라는 점입니다. 누구에게도 소유권이 없기 때문에 일정한 자격이나 조건을 갖추기만 하면 누구나 이용할 수 있습니다. 그리고 한정된 자원이기 때문에 먼저 쓰는 사람은 이익을 얻고, 기다리던 사람은 손해를 보게 됩니다. 그러니 누구든 먼저 사용하는 것이 이득이 되고, 그렇게 자신의 이익을 위해 쓰다 보면 공유지는 황폐해집니다.

이 문제에 대해 사람들은 두 가지 해법을 내놓았습니다. 하나는 국가가 관리를 하는 것입니다. 국가가 풀밭을 이용하는 사람들에게 한 명당 소 한 마리씩만 먹이도록 정하고, 이를 어기면 벌금을 물리는 것이죠. 이는 인간은 원래 이기적이기 때문에 외부에서 관리를 하지 않으면 안 된다는 생각에서 만들어진 해법입니다. 다른 하나는 소유권을 부여하는 방법입니다. 즉 풀밭을 이용할 사람들에게 풀밭을 나눠 소유권을 주는 것이죠. 이렇게 되면 각자 자기 소유의 풀밭을 적절히 관리하며 소를 먹일 수 있다고 봅니다. 이는 소유권의 부재가 공유지의 비극을 불러일으킨 것이니 소유권을 부여하는 것으로 해결하자는 방법입니다.

그런데 둘 다 문제가 있습니다. 먼저 국가가 관리하는 방법에는 규정을 정하려면 국가가 자세한 사정을 알아야 한다는 문제가 있습니다. 또한 사람들이 규정을 제대로 지키는지 국가가 계속 감시해야 합니다. 이 두 가지를 제대로 하기 위해선 사회적·경제적 비용이 들 수밖에 없습니다. 더구나 관리해야 할 공유지가 많을수록 국가가 개입해야 할 부분이 커지니 국가로서도 쉬운 일이 아니죠. 공유지를 이용하는 사람들도 저마다 불만이 생길 수밖에 없습니다.

소유권을 나누어 주는 것으로 해결하는 방법은 그 조건이 맞는 경우가 별로 없다는 문제가 있습니다. 어장이라는 것은 결국 넓은 바다인데, 물고기나 해산물이 이를 조그맣게 나눈 구역에만 사는 게 아니니 방법이 없습니다. 풀밭의 경우도 계절에 따라 오가는 유목민에게 경계를 정해 소유권을 따지기 어렵습니다.

이런 상황에서 국가의 관리나 소유권 이전 같은 방법이 아닌 제3의 방법을 통해 공유지 문제를 해결하자는 새로운 제안이 나왔습니다. 엘리너 오스트롬이 그 주인공이지요.

공동체의 민주적 관리가 중요해

2009년 오스트롬은 여성 최초로 노벨 경제학상을 받았습니다. 그가 노벨상을 받게 된 업적은 공유지의 비극을 해결하는 방법으로 경제 거버넌스, 특히 커먼즈 분석을 제시한 것이었습니다. 오스트롬은 실제 공유지가 있는 현장에서 연구를 진행했습니다. 아프리카에서 가축을 기르는 사람들이 공동 목초지를 어떻게 관리하는지, 네팔 서부 당 지역의 덕후리 마을 사람들이 관개 시스템을 어떻게 운영하는지 연구했지요.

이를 통해 오스트롬은 공유지를 유지하는 방법을 발견했습니다. 가장 중요한 것은 공유지에 이해관계가 있는 공동체가 민주적으로 공유지의 관리에 대한 의사결정을 하는 것입니다. 인간과 생태계의 상호작용은 다양하게 나타납니다. 따라서 이런 공유지 시스템에서 발생하는 문제는 국가나 시장이 아니라 자치를 통해 해결하는 것이 바람직하다는 것이죠. 오스트롬은 이를 실제 현장 연구를 통해 증명해 냈습니다. 이후 그는 이를 정리해서 《공유의 비극을 넘어》라는 책으로 펴냈고, 노벨 경제학상을 받았습니다.

오스트롬은 특이하게도 정치학을 전공했습니다. 미국 캘리포니아주립대학교 정치학과를 졸업하고 같은 학교에서 정치학으로 석사학위와 박사학위를 모두 받았습니다. 미국 정치학회 회장이었으며 인디애나대학교에서도 정치학과 석좌교수를 지냈죠. 어쩌면 이런 경력이 그에게 공유지 문제를 해결할 다른 시각을 제공했는지도 모릅니다. 경제학적 시각에 갇히지 않고 사람들 사이의 다양한 문제를 볼 수 있었으니까요.

사실 이런 공유지 관리 사례를 우리는 주변에서 이미 보고 있습니다. 제주도 해안도로를 따라 걷다 보면 곳곳에 경고 표시가 보입니다. "이곳은 ○○어촌계에서 관리하는 곳으로 외부인의 어로 행위를 금지합니다." 이런 내용이죠. 마을 앞바다의 물고기나 해산물을 채취할 권리는 그 마을에 조직된 어촌계에 있으니 다른 사람들은 이곳에서 물고기를 잡거나 해산물을 가져가서는 안 된다는 뜻입니다.

마을마다 조직된 어촌계는 그 마을에서 어업을 하는 사람들의 모임입니다. 현재는 법으로 어촌계가 마을 앞바다의 어장을 관리하는 것이 정해져 있지만, 이전부터 어촌계는 공유지를 관리하는 역할을 해왔습니다. 관습적으로 이루어지던 것을 나중에 법으로 다시 보장한 것이죠. 이런 어촌계의 활동은 단순히 외부인의 어로 행위를 막는 데 그치지 않습니다. 자체적으로 얼마나 어로 행위를 할 것인지 정해서 어장이 고갈되지 않도록 하는 일도 어촌계가 맡고 있죠.

농사를 짓던 이들도 그러했습니다. 뒷산에 가서 땔감으로 쓸 나무를 베기도 했고, 산나물을 뜯거나 도토리며 밤 등을 수확하기도 했지요. 그러나 이런 뒷산을 아무나 마구잡이로 이용하지는 못했습니다. 일단 마을 사람들만 이용할 수 있기도 했고, 나무를 하더라도 적당히 해야지 무분별하게 베어 가면 다른 사람들이 막아서기도 했습니다.

몽골이나 중국 북부, 중앙아시아에서 가축을 기르는 유목민에게는 풀을 먹일 초지가 필요합니다. 그것도 아주 넓은 땅이 필요하지요. 그리고 한곳에 머무는 것이 아니라 계절에 따라 풀이 난 곳으로 이동합니다. 이런 유목민들 사이에서도 초지라는 공유지를 다루는 방법에 대한 규약이 있습니다.

옛사람들은 나름의 방식으로 공유지를 관리해 오고 있었습니다. 지금은 개인이나 기업이 땅이나 물건에 대한 소유권을 가진 것이 일반적이지만, 예전에는 주인 없이 공유하는 땅이 많았으니까요. 그리고 농업이나 어업, 목축이 주된 삶의 방식이었던 시대에는 이런 공유지가 중요하기도 했습니다.

물론 공유지 문제가 항상 평화롭게 해결되지는 않습니다. 사람마다 생각이 다르고, 처지도 다르고, 이해관계도 다르지요. 사소한 다툼부터 커다란 싸움이 나기도 합니다. 사람 사는 사회가 늘 내 생각처럼 잘 굴러갈 순 없으니까요. 하지만 길게 보면 결국 분쟁은 어떻게든 해결되고 공유지는 적당한 선에서 관리됩니다.

엘리너 오스트롬

지구는 모두의 소중한 공유지

공유지의 면적이 작고 이해당사자가 많지 않을 때는 공동의 이해에 맞춰 공유지를 관리하는 것이 어렵지 않습니다. 어렵더라도 해결할 방법이 없는 것은 아니지요. 그러나 이해관계가 아주 복잡하고 너무 많은 사람이 관련된 경우도 있습니다.

대표적인 예가 바다입니다. 현재 지구의 바다는 어디나 할 것 없이 모두 플라스틱 문제로 몸살을 앓고 있습니다. 몸살이 아니라 불치병을 앓고 있다고 해도 될 정도입니다. 플라스틱이 이렇게나 바다에 많이 존재하는 것은 인간의 책임이지요. 일단 우리가 버린 플라스틱 중 일부는 하수와 함께 강을 따라 바다로 흘러갑니다. 그리고 바다에서 어업으로 생계를 잇는 사람들이 사용하는 플라스틱의 양도 많습니다. 그물이며 부표며 낚싯줄까지 모두 플라스틱이니까요.

이런 상황을 해결하려면 바다에 버려진 플라스틱을 수거하는 것도 필요하겠지만, 플라스틱 사용 자체를 줄이는 것이 더 중

🌿 **지식 더하기** ⊗ ⊖ ⊗

플라스틱 문제
태평양과 대서양, 인도양 등 큰 바다에는 모두 육지로부터 흘러들어 온 플라스틱들이 해류를 따라 모인 플라스틱 섬이 있습니다. 하와이 서쪽에 있는 태평양의 플라스틱 섬은 그 면적이 한반도의 7배나 됩니다. 지금도 계속 커지고 있지요.

요합니다. 플라스틱 쓰레기가 많이 생기는 이유 중 하나는 제품 포장에 플라스틱을 너무 많이 쓰기 때문입니다. 기업 입장에선 다른 소재를 사용할 때보다 더 저렴한 비용으로 포장 문제를 해결할 수 있죠. 또 포장이 눈에 띄어야 경쟁 기업보다 더 많이 팔아서 더 많은 이익을 낼 수 있습니다.

어떻게 해야 문제가 해결될까요? 기업들끼리 자율적으로 문제를 해결하라고 놔두면 공유지의 비극이 되풀이될 수밖에 없습니다. 또 정부가 플라스틱 사용을 규제하려고 해도 쉽지 않습니다. 한 나라의 문제가 아니기 때문입니다. 우리나라 기업과 외국의 기업이 경쟁하는데 우리나라만 규제를 하면 외국 기업만 유리해질 뿐이죠.

이런 경우 공유지에 대한 권리를 가지는 것은 전 세계 모든 사람입니다. 그러니 오스트롬의 이론을 좀 더 확장해서 생각해 보면 전 세계 누구나 플라스틱을 제품 포장에 사용하지 말도록 주장하고 행동할 권리가 있는 거지요. 전 세계 모든 기업이 플라스틱 포장을 사용하지 못하게 규제하자고 주장할 권리가 우리 모두에게 있다는 뜻입니다.

이런 주장이 실제로 성과를 보인 경우도 있습니다. 그 예가 프레온가스입니다. 냉장고와 에어컨의 냉매로 쓰이던 프레온가스는 오존층을 파괴하는 대표적인 물질입니다. 오존층은 말 그대로 전 지구 생물의 공유지죠. 오존층 덕분에 누구나 자외선에서 안전한 생활을 하고 있습니다. 프레온가스를 생산하고 냉매로 사용하는 제품을 만드는 업체는 이 공유지를 파괴하고 있었고요. 하지만 전 세계 시민들이 프레온가스의 사용을 반대했고, 이런 주장이 압력이 되어 각국 정부가 냉매로 프레온가스를 쓰지 못하도록 하는 협정에 찬성했습니다. 그 결과 현재 프레온가스는 더 이상 냉매로 사용되지 않고, 오존층은 점차 예전 상태로 돌아가고 있습니다.

플라스틱 사용과 **온실가스** 배출도 마찬가지입니다. 우리의 소중한 공유지인 지구를 파괴하고 있으니 우리 모두가 이를 줄이자고 주장할 권리가 있습니다. 지구 시민의 주장이 강해질수록 각국 정부는 더 강력한 행동에 나설 것이고, 기업에 대한 규제가 더 강화될 것입니다.

🌱 **지식 더하기**　　　　　　　　　　　　　　⊗ ⊖ ⊗

온실가스

지구는 태양으로부터 빛에너지를 얻고, 다시 적외선 영역의 전자기파로 빛에너지를 내놓습니다. 이 둘이 균형을 이루어야 지구 대기의 온도가 일정하게 유지됩니다. 이산화탄소와 메테인 같은 온실가스는 지구에서 빠져나가는 적외선을 흡수해 대기 온도를 높입니다.

인류 지식이라는 공유지

만유인력으로 유명한 아이작 뉴턴은 "나는 거인의 어깨 위에 서있었을 뿐이다"라는 유명한 말을 남겼습니다. 자신이 발견한 과학 이론은 이전까지 다른 과학자들이 쌓아 온 성과 위에서 이루어졌다는 뜻이지요.

인류의 지식은 언제나 이전의 지식 위에 쌓아 올려집니다. 그래서 지식은 인류의 또 다른 공유지입니다. 논문이 대표적입니다. 과학자들은 논문을 통해 자신이 새로 밝혀낸 사실을 발표합니다. 이런 논문이 쌓여 새로운 이론이 만들어지고 학문이 발전하게 됩니다. 그런데 논문을 세계적으로 유명한 학술지에 실으려면 비용을 내야 합니다. 지면은 한정되어 있는데 논문을 싣고 싶은 사람이 많아서죠. 또 이런 논문을 인터넷에서 다운로드하려면 또 학술지에 돈을 내야 합니다.

이 비용이 만만치 않습니다. 그래서 대학이나 연구소는 학술지와 계약을 해서 소속 연구자들이 논문을 볼 수 있게끔 운영하고 있습니다. 하지만 무소속 연구자들이나 가난한 나라의 연구자는 이런 제도를 이용하기 어렵습니다. 그래서 많은 학자가 논문의 공유를 요구하고 있습니다. 인류 지식에서 가장 중요한 부분인 논문이 진정한 의미의 공유지가 될 수 있기를 바랍니다.

5

원자력발전을

체르노빌의 목소리

 향한 경고

1948~

스베틀라나

알렉시예비치

스베틀라나 알렉시예비치

Svetlana Alexievich

> 진실은 사람들의
> 목소리에 있지

프로필		대표 이력
출생·사망	1948년~	《전쟁은 여자의 얼굴을 하지 않았다》, 《체르노빌의 목소리》, 《아연소년들》 출간
국적	벨라루스	2015년 노벨문학상 수상
직업	저널리스트, 구술 역사가	
특이사항	벨라루스의 인권 활동가	

연관 검색어

체르노빌 사고
목소리 소설
반전운동
여성운동
독일 망명

재미로 보는 인물 그래프

사교성
천재성
노력
행복
수명

2022년 2월 우크라이나를 침략한 러시아 군대 중 일부가 체르노빌 지역을 점령했습니다. 우크라이나가 러시아의 전신인 소련에 속하던 시절 지어진 체르노빌 원자력발전소가 있는 곳이죠. 러시아 군대는 발전소 주변의 숲에 참호를 파고 주둔했습니다. 그로부터 한 달 뒤 러시아 군인들이 급성 방사선 증후군으로 쓰러졌고, 그중 일부가 사망했습니다.

1986년 폭발 사고가 일어난 체르노빌 원자력발전소에서 뿜어져 나온 **방사성 물질**이 36년이 지난 지금까지도 남아 있었기 때문입니다. 명분 없는 전쟁에 억지로 끌려온 러시아의 군인들은 안타깝게도 방사능 때문에 죽음을 맞게 되었습니다.

1986년 체르노빌 원자력발전소 폭발 사고는 총 네 기의 원자로 중 하나가 폭발하면서 일어났습니다. 폭발한 원자로 주변은 2~3분만 있어도 사람이 사망에 이를 정도로 많은 방사능이

🌿 **지식 더하기**   ⊗ ⊖ ⊘

방사성 물질

방사선은 알파선(양성자), 베타선(전자), 감마선(전자기파) 등을 말합니다. 방사능은 이런 방사선을 내놓을 수 있는 능력을 말합니다. 방사성 물질이란 방사선을 내는 물질로 우라늄이나 플루토늄 등이 해당됩니다.

스베틀라나 알렉시예비치

퍼집니다. 사고 이후 발전소 직원과 소방대원, 군인 등의 헌신적인 작업으로 다행히 바로 옆의 원자로까지 터지는 사고는 막았지만 피해는 엄청났습니다. 주변 30킬로미터 내의 모든 사람이 대피해야 했고, 그중 대부분이 집으로 돌아가지 못했습니다.

인류 역사상 최악의 사고

체르노빌 원자력발전소 주변은 여전히 지구에서 가장 위험한 곳입니다. 사고가 일어난 발전소에서 18킬로미터 떨어진 곳

사고 직후의 체르노빌 원자력발전소

은 현재 복구 계획 관련자들만 들어와 거주하고 있으며, 발전소 주변은 출입금지 지역입니다.

1986년 체르노빌 원자력발전소 사고 당시 바람은 북쪽으로 불고 있었고, 현재 벨라루스공화국에 해당하는 지역에 방사성 낙진의 70퍼센트가량이 떨어졌습니다. 이 일로 벨라루스 국토의 33퍼센트는 출입금지 구역이 되었습니다. 대한민국의 절반 정도 되죠. 아직도 방사성 동위원소 검출량이 안전 기준치의 열 배가 넘어 출입이 금지된 지역이 전체 국토의 20퍼센트가량 됩니다. 더구나 우크라이나에서 멀리 떨어진 스웨덴이나 영국 등에서도 방사성 물질이 검출될 정도여서 유럽 전체가 공포에 떨었습니다.

체르노빌 원자력발전소 사고는 국제원자력기구가 원자력 사고 7등급으로 기록한 최초의 사건입니다. 국제원자력기구가 원자력사고 등급 체계를 마련한 계기가 체르노빌 사고이기도

🌿 지식 더하기 ⊗ ⊖ ⊗

원자력사고 등급

원자력사고는 1등급에서 7등급까지 있습니다. 1등급부터 3등급까지는 고장으로, 4등급 이상은 사고로 분류합니다. 4등급은 방사성 물질이 소량 배출된 것으로 발전소 내부에 영향을 미칩니다. 5등급은 발전소 밖으로 방사성 물질이 유출된 사고, 6등급은 방사성 물질이 대량으로 방출된 경우, 7등급은 심각한 사고로 방사성 물질이 아주 많이 방출된 경우입니다. 우크라이나의 체르노빌과 일본의 후쿠시마 원자력발전소 사고가 여기에 해당됩니다.

합니다. 7등급은 한 국가를 넘어 광범위한 지역으로 방사능 피해를 주는 최고 등급의 사고입니다. 현재까지 체르노빌과 후쿠시마 원자력발전소 사고 둘만 여기에 해당됩니다. 우리에겐 후쿠시마 원자력발전소 사고가 더 기억에 많이 남아 있습니다. 그러나 최악의 사고는 여전히 체르노빌입니다. 전문가들의 연구에 따르면 후쿠시마보다 그 피해 규모가 5~10배가량 크다고 해요.

이유는 체르노빌 원자로가 격납 용기에 담겨 있지 않았기 때문입니다. 보통의 원자로는 격납 용기 안에 있어 사고가 나더라도 방사능 유출이 일부에 지나지 않지만, 체르노빌의 경우 폭발과 함께 고농도 핵물질이 그대로 대기에 노출되었습니다. 그리고 이 상태로 화재가 지속되면서 방사성 물질이 바람을 타고 열흘 이상 퍼져 나갔죠. 또 후쿠시마 원자로의 폭발은 단순 수소 폭발이었던 반면, 체르노빌의 경우 핵물질인 연료봉이 폭발한 것이어서 방사능 누출이 더 심했습니다.

전쟁은 여자의 얼굴을 하지 않는다

2015년 노벨 문학상 수상자인 스베틀라나 알렉시예비치는 40대가 될 때까지 소련의 국민이었습니다. 벨라루스도 우크라이나도 1980년대까지는 소련, 즉 소비에트 사회주의 공화국 연방의 일부였기 때문입니다. 소련은 1991년 해체되었고 우크라이나는 그해 러시아로부터 독립했습니다. 벨라루스공화국도 1991년에 세워졌습니다.

노벨상을 받기까지 한 유명한 작가이지만 알렉시예비치는 벨라루스와도, 그 이전의 소련과도 좋은 관계가 아닙니다. 그의 대표작 중 하나인 《전쟁은 여자의 얼굴을 하지 않았다》는 제2차 세계대전에 소련 전투원, 공무원, 군인 등으로 참여한 여성들을 인터뷰하고 그들의 삶을 정리한 책이었습니다. 1983년에 완성되었지만 출간이 쉽지 않았습니다. 전쟁에 참여한 여성들이 말하는 전쟁의 냉혹한 면모, 전쟁을 수행하는 과정에서 느낀 비참함과 분노, 전쟁이 끝난 뒤에도 이어지는 죽음에 대한 공포가 책에 생생하게 자리 잡고 있었기 때문입니다. 당국은 이러한 여성들의 이야기가 제2차 세계대전에서 승리한 소련의 위업을 갉아먹는다고 판단했습니다. 그의 또 다른 대표작인 《마지막 증인》도 마찬가지로 출판 허가가 나지 않았습니다.

소련이 개혁개방 노선을 취하게 된 1985년이 되어서야 두 책이 발간되었고, 그도 자유롭게 활동할 수 있게 되었습니다. 하지만 1994년 알렉산드르 루카셴코가 대통령이 되면서 벨라루스 정부와 알렉시예비치 사이에 다시 불화가 시작되었습니다. 루카셴코는 대통령이 된 후 권위주의적 통치를 시행하며 독재자의 모습을 노골적으로 드러냈습니다.

소련과 현재의 벨라루스가 보이는 이러한 전체주의적 모습은 과거 소련의 영광에 기댄 것이죠. 알렉시예비치의 글은 이런 소련과 벨라루스의 영광 이면에 있는 가난한 사람들, 여성, 아이들의 구체적인 삶을 보여 주었습니다. 벨라루스 정부는 이런 모습을 좋아하지 않았지요. 더구나 알렉시예비치는 새로 들어선 벨라루스의 독재자에 대해 비판을 아끼지 않았습니다. 결국 그의 책들은 벨라루스에선 출간이 금지되었죠.

거기서 끝나지 않았습니다. 벨라루스 당국은 그의 전화를 도청하고, 그가 대중 앞에 나서는 것을 막았죠. 더 이상 벨라루스에 있다간 위험하겠다는 생각에 알렉시예비치는 프랑스로 갔습니다. 2000년의 일이었지요. 벨라루스 당국도 골치 아픈 사람이 조국을 떠난 게 시원했을 터였습니다. 하지만 알렉시예비치는 프랑스에서도 활발히 활동하며 국제적인 명성을 떨쳤습니다. 상도 여러 번 탔죠.

알렉시예비치는 2011년 다시 벨라루스로 돌아갔습니다. 그에겐 벨라루스에서 사람들을 만나고 인터뷰하는 것이 글을 쓰는 데 가장 중요한 일이었기 때문입니다. 또 조국에서 자신이 할 일이 있다고 생각한 거였죠. 어찌 보면 대단히 용감한 행동이었습니다. 2020년 벨라루스에서 루카센코의 대통령 당선이 부정선거에 의한 것이라는 시위가 시작되었습니다. 그리고 이 시위

2020년 루카센코의 대통령 당선에 항의하는 시위

를 지지하면서 알렉시예비치는 다시 당국의 조사를 받게 되고 결국 독일로 망명했습니다.

벨라루스의 체르노빌을 기록하다

1948년 벨라루스 출신의 군인 아버지와 우크라이나 출신의 어머니 사이에서 태어난 알렉시예비치는 우크라이나 태생이지만 인생의 대부분을 벨라루스에서 살았습니다. 체르노빌 원자력 발전소가 있었던 우크라이나와 그 발전소의 폭파 사고로 가장 큰 피해를 입은 나라인 벨라루스. 알렉시예비치는 어쩌면 운명적으로 체르노빌 이야기를 하기 위해 태어났는지도 모릅니다.

　원자력발전소는 하나도 없지만 국토의 23퍼센트가 방사성 물질에 오염된 벨라루스에서 피해를 입은 210만 명 중 70만 명은 어린이였습니다. 방사선 피폭은 벨라루스 국민의 주요 사망 원인이 되었습니다. 계속되는 저준위 방사선의 영향으로 암, 지적장애, 정신질환 등의 발생률은 해마다 증가하고 있었습니다. 스베틀라나 알렉시예비치는 체르노빌 사태를 겪었고 지금도 겪고 있는 사람들의 이야기를 전하기로 했습니다. 그는 10여 년에 걸쳐 사람들을 만나 이야기를 듣고, 기록했습니다.

　그가 만난 사람은 정부의 고위층이나 방사능 문제에 대처하는 조직의 대표가 아니었습니다. 방사능 오염 지역에 파견된 소방대원의 아내, 오염 지역의 마을 주민, 경비를 서는 군인, 오염된 시설을 해체하는 노동자, 사진작가, 교사, 기자, 간호사, 화학 엔지니어 등 체르노빌에서 날아온 방사성 물질로 삶이 완전히 바뀌어 버린 사람들이었습니다. 알렉시예비치는 100명이 넘는 사람들을 만나 그들의 이야기를 들었습니다.

　그는 주로 주류 역사가 잘 다루지 않고 빠트린 부분을 들여다보고자 했습니다. 사람들이 엄청난 참상을 만났을 때 느끼는 감정을 그들의 목소리로 전달하는 것이 중요하다고 생각했기 때문이죠. 체르노빌 사고를 다룬 책에서도 마찬가지였습니다. 책은 70만 명이라는 숫자가 아니라 그에 속하는 사람 한 명 한 명이 어떻게 고통받고 있는지를 생생하게 드러내는 것에 집중하고 있습니다.

그의 책 속에서 한 아버지는 딸의 장애 때문에 4년 동안 이어 온 자신의 외로운 투쟁을 이야기하고, 마을 사람들이 픽픽 쓰러지며 죽는 모습을 목격한 사람이 자신의 목소리로 완전한 절망에 대해 이야기합니다. 또 자신을 격려하고 도통 만나려 들지 않는 당국과 의사와 공무원들에게 지친 이의 참담한 심정도 그들 자신의 언어로 이야기하죠.

이런 그의 작업은 벨라루스의 작가 알레시 아다모비치에게서 많은 영향을 받았습니다. 아나모비치도 지신의 책 《나는 불타는 마을에서 탈출했다》에서 인터뷰 형식을 사용했는데, 알렉시예비치는 이런 모습이 크게 보면 러시아 문학 전통 속에 녹아 있는 한 형식이라고 생각했습니다. 그는 아다모비치를 자신의 문학적 스승이라고까지 여겼죠.

소설도 르포도 아닌 목소리 소설

알렉시예비치는 원래 대학에서 언론학을 전공했고, 지역 신문에서 기자로 일하기도 했습니다. 이런 그에게 문학이란 상상이 아닌 삶의 호흡이 살아 숨 쉬는 곳이어야 했습니다. 또 그가 문학에서 다루고 싶었던 것은 거대한 역사의 흐름 속에서 살아가는 사람들의 구체적인 흔적이었지요.

그래서 그가 택한 방법은 사람들을 직접 만나서 그들의 목소리를 듣고, 그들의 증언과 고백, 증거 서류를 모아서 재구성하는 방식이었습니다. 그가 처음 쓴《전쟁은 여자의 얼굴을 하지 않았다》도,《체르노빌의 목소리》도, 그리고 소련의 아프가니스탄 전쟁 이야기를 다룬《아연 소년들》도 마찬가지였습니다. 이렇게 실제 상황을 겪은 사람들의 목소리를 모아 작품을 만들었다고 해서 '목소리 소설'이라는 이름이 붙었습니다.

그는 목소리 소설을 쓸 수밖에 없는 이유로 "픽션(허구)이 현실을 감당할 수 없기 때문"이라고 했습니다. 현실이 너무 복잡하고 예측할 수 없으며 다면적이기 때문에 누구 하나를 주인공으로 내세워 이야기할 수 없다는 것입니다. 수많은 사람 모두가 주인공이고, 그들 모두가 하는 이야기를 들어야만 현실을 알 수 있다는 것이죠.

첫 작품인《전쟁은 여자의 얼굴을 하지 않았다》에서부터 그런 모습이 드러납니다. 1945년 제2차 세계대전이 끝나고 소련은 승전국이 되었지만 사람들이 전쟁에 승리해 마냥 행복했던 것은 아닙니다. 오히려 전쟁에서 비롯된 상처들이 여기저기 남아 있었지요. 그 상처들은 한 사람의 증언으로 보여 줄 수 있는 것이 아니었습니다. 그래서 많은 사람의 이야기를 모아야 했습니다.

적군을 사살하면서 울어야 했던 여군, 적군의 습격에 아군과 적군 부상자들을 모두 대피시킨 야전 병원의 간호사, 첫 생리를 하는 날 총에 맞아 불구가 되어 버린 소녀, 전쟁의 충격으로 열아홉 살에 백발이 되어 버린 소녀, 전쟁이 끝나도 피를 연상시키는 붉은색 꽃은 볼 수 없는 여인, 딸의 전사 통지서를 받고도 딸이 살아 돌아오기를 기다리는 어머니. 이들 모두의 증언은 이 전쟁이 과연 누구를 위한 것인지를 돌아보게 합니다.

전쟁이 끝난 후 여자들은 자신의 경력을 숨겼습니다. 이제 일상으로 돌아가야 했기 때문이고, 아이를 낳고 가족을 돌보는 주부의 삶을 살아야 했기 때문입니다.

알렉시예비치는 이런 200여 명의 이야기를 모아 한 권의 책에 담았습니다. 그래서 알렉시예비치는 스스로 작가인 동시에 사회학자이며, 심리학자인 동시에 설교자라고 이야기합니다.

체르노빌은 진행 중

체르노빌 사고는 아직도 진행 중이라는 점에서 심각한 문제입니다. 체르노빌 원자력발전소의 폭파된 원자로는 현재 돔형 석관에 덮여 있습니다. 사고가 난 뒤 방사능 유출이 지속될 걸 우려해서 덮어 놓았지요. 30년이 지난 지금도 그 원자로 안에는 거대한 방사능을 뿜어내는 방사성 물질이 그대로 남아 있습니다. 사고 당시의 기술로는 방사성 물질을 처리할 방법이 없었습니다. 그래서 나중에 처리할 생각으로 덮개만 덮어 둔 것이죠.

체르노빌 원자력발전소 사고 이후 전 세계에서 원자력발전소를 더 이상 지어서는 안 된다는 여론이 확산되었고, 실제로 원자력발전소 건설 계획이 중단된 곳도 많았습니다. 그러다 시간이 흘러 다시 원자력발전소를 지으려는 움직임이 조금씩 활발해질 때 터진 것이 후쿠시마 원자력발전소 사고입니다. 체르노빌과 후쿠시마의 잇따른 사고는 원자력발전소에 한번 사고가 나면 얼마나 커다란 피해가 생기는지를 생생하게 보여 주었습니다.

원자력발전소에는 사고 이외에도 아주 커다란 문제가 있습니다. 원자력발전소에서 나오는 폐연료봉입니다. 폐연료봉은 핵분열이 끝난 폐기물이지만 최대 10만 년 동안 아주 강한 방사능을 내뿜습니다. 하지만 원자력발전이 시작된 지 60년이 되는 지금도 폐연료봉을 보관할 고준위 방사성

대부분 임시 저장시설에서 보관되는 방사성 폐기물

폐기물 처리장이 있는 곳은 핀란드 한 곳뿐입니다. 고준위 방사성 폐기물 처리장을 지을 장소를 정한 곳도 프랑스와 스웨덴 두 나라뿐입니다.

우리나라를 비롯한 나머지 나라들은 고준위 방사성 폐기물 처리장을 지을 장소도 정하지 못한 채 원자력발전소 옆의 임시 저장시설에 폐연료봉을 보관하고 있습니다. 아주 오랜 기간 저장해야 하니 조건에 맞는 장소를 찾는 것도 쉽지 않지만, 더 힘든 것은 자기가 사는 주변에 고준위 방사성 폐기물 처리장이 들어서는 걸 누구도 원하지 않는다는 것입니다. 방사성 폐기물 처리장도 만들지 못하고 있는데 원자력발전소를 늘릴 순 없는 것이지요.

6

침팬지 숲의

희망의 이유

수호자

1934~

제인 구달

제인 구달

Jane Goodall

침팬지는 우리 생각보다
훨씬 우리와 닮았다고!

프로필

출생·사망	1934년~
국적	영국
직업	동물학자, 환경운동가
특이사항	침팬지 행동 연구 권위자 고졸에서 곧바로 박사학위 취득

대표 이력

뿌리와 새싹 환경 단체 설립

《희망의 이유》, 《희망의 밥상》, 《인간의
그늘에서》 등 출간

연관 검색어

침팬지 발견

동물권 보호

채식주의

재미로 보는 인물 그래프

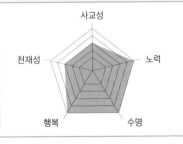

우리와 함께 지내는 강아지와 고양이부터 아프리카 초원의 사자와 코끼리까지 온 세상은 동물로 가득합니다. 예쁘고 귀여운 동물부터 무섭고 징그럽게 생긴 동물도 있죠. 생김새와 상관없이 모든 동물은 인간과 함께 인간보다 먼저 지구에 살았습니다.

제인 구달은 어려서부터 동물에 관심이 많았습니다. 열두 살에 동물사랑단체를 만들고, 안락사 위기에 처한 늙은 말을 구하기 위해 기금을 마련할 정도였죠. 그는 늘 아프리카로 가서 동물을 연구하기를 바랐어요. 하지만 1952년 고등학교를 졸업한 구달은 돈이 없어 대학에 가지 못하고 취업을 했습니다. 사실 당시만 하더라도 대학을 가는 사람은 일부에 불과했고 여성은 특히나 드물었습니다.

1957년 구달은 어릴 때부터 그토록 가보고 싶어 했던 아프리카에 갈 수 있게 되었습니다. 케냐에 있던 친구가 초대를 해준 덕분이죠. 물론 배의 탑승권과 머무는 동안의 생활비는 자신이 마련해야 했습니다. 케냐에서 한 달 정도 머무는 동안 구달은 이웃의 소개로 루이스 리키 박사를 만났습니다. 이 만남은 구달에게 엄청난 기회가 되었습니다.

루이스 리키와의 만남

루이스 리키는 고인류학계의 거장으로, 당시 티고니영장류 연구센터의 소장이자 범아프리카 고고학협회 회장이었습니다. 리키는 당시 영장류 연구의 중요성을 깊이 인식하고 있었습니다. 자신이 연구하는 초기 고인류는 화석으로만 만날 수 있을 뿐이었죠. 그러다가 자신이 연구하는 초기 고인류가 다른 영장류와 분화된 지 얼마 되지 않았다는 점에 생각이 미쳤습니다. 고인류가 실제로 어떤 생활을 했는지를 좀 더 자세히 알려면 초기 고인

루이스 리키(오른쪽)와 아내인 메리 리키(왼쪽)

루이스 리키

20세기 초중반 고인류학의 대가입니다. 아프리카에서 파란트로푸스 보이세이, 호모 하빌리스, 프로콘솔 등의 고인류 화석을 발견해 인간이 아프리카에서 진화했음을 밝혀냈죠. 그의 아내 메리 리키와 아들 리처드 리키도 고생물학자였으며 딸 콜린 리키는 식물학자였습니다.

류와 비슷한 행동을 보일 가능성이 높은 영장류의 활동에 대한 연구가 필요하다고 느낀 것이죠. 하지만 리키 자신은 초기 고인류에 대한 연구와 화석 발굴로 바쁘니 대신해 줄 사람이 필요했습니다.

이런 생각을 하던 와중에 리키는 영장류에 아주 큰 관심을 보이는 구달을 만났고, 그에게 영장류 연구를 제안합니다. 하지만 구달은 당시 고등학교만 졸업한 상태였습니다. 영장류 연구를 위한 기본 지식이 거의 없었죠. 리키는 영장류 행동과 영장류 해부학 등을 공부하도록 구달을 런던으로 보냈습니다. 런던에서 기본적인 공부를 끝낸 구달은 2년 뒤인 1960년 곰베국립공원으로 가서 본격적인 침팬지 연구를 시작했습니다.

곰베국립공원에서 2년 동안 연구한 구달은 다시 영국 케임브리지대학교에 갔습니다. 학위를 얻기 위해서였죠. 그때나 지금이나 박사학위가 없으면 전문가로 인정받기 힘들었습니다. 구달은 대학 졸업장도, 학사학위와 석사학위도 없이 바로 박사학위를 얻었습니다. 물론 박사학위를 받을 만한 연구 성과가 있었던 것은 당연한 이야기입니다. 바로 곰베국립공원에서 이루어진 침팬지 행동에 대한 연구가 그것이지요.

구달이 곰베국립공원에서 연구하는 동안 필요한 돈을 마련해 준 것도, 런던과 케임브리지에서 공부하고 학위를 따도록 재정 지원을 해준 것도 모두 루이스 리키입니다. 구달에게 굉장히 고마운 사람이지요. 하지만 구달이 만들어 낸 침팬지 연구의 성과를 생각하면 리키에게도 아주 흡족한 결과였습니다.

침팬지와 인간, 이렇게 닮았다고?

구달 이전에도 침팬지를 연구한 이들은 있었습니다. 그러나 그들은 몇 개월 정도 짧게 머물면서 침팬지를 살펴봤을 뿐입니다. 침팬지는 인간을 두려워합니다. 그러니 겨우 몇 개월 동안 관찰하는 것은 아주 멀리서 그들의 모습을 살짝 엿보는 것 이상이 될 수 없습니다.

구달은 달랐습니다. 몇 개월에 걸쳐 천천히 침팬지에게 다가갔고, 그들이 경계심을 풀도록 했지요. 나중에는 침팬지의 털을 고를 수 있을 정도까지 친해졌습니다. 그런 제인 구달이기에 발견할 수 있던 가장 중요한 사실은 침팬지가 도구를 사용한다는 것이었습니다. 침팬지가 연한 나뭇가지를 구멍에 쑤셔 넣어

거기에 딸려 온 흰개미를 잡아먹는 모습을 두 눈으로 본 것이죠. 게다가 그 나뭇가지는 나무에서 꺾은 뒤 나뭇잎을 제거해서 사용하기 좋은 상태로 만든 것이었습니다.

당시로는 대단한 발견이었습니다. 도구를 만들고 사용하는 것은 인간만이 가능하다고 생각하던 시절이었기 때문입니다. 이 소식을 들은 루이스 리키는 "인간을 다시 정의하든가, 도구를 다시 정의하든가, 아니면 침팬지를 인간으로 받아들여야 할 것"이라고까지 말했습니다. 그 뒤 다른 연구자들에 의해 까마귀나 해달 등 다양한 동물이 도구를 사용한다는 사실이 밝혀졌습니다. 당시로선 꽤 큰 충격이었지요.

또 다른 발견은 침팬지가 집단 내에서 서로 다양한 감정을 나눈다는 사실이었습니다. 침팬지는 서로 껴안고, 키스하고, 등을 두드리고, 간지럽히는 행동으로 자기의 감정을 표현했습니다. 구달은 침팬지 집단 내부에서 이런 과정을 통해 서로 친밀하고 애정 어린 유대감이 만들어진다는 것을 확인했습니다. 이렇게 감정을 나누고 서로 유대감을 만드는 것 또한 당시로선 인간만이 가능하다고 생각했습니다.

거기다 침팬지들이 체계적으로 사냥에 나서는 과정도 목격했습니다. 그 당시만 하더라도 침팬지는 벌레와 과일, 꽃의 꿀 등을 주로 먹는다고 알려졌지요. 하지만 침팬지는 집단을 이뤄

제인 구달

자기보다 크기가 작은 원숭이들을 사냥하고 먹기도 합니다. 이것도 구달이 처음으로 밝혔습니다.

10년 정도 지난 뒤 구달은 또 다른 발견을 했습니다. 침팬지들이 집단 내에서 강력한 폭력을 행사하고 심지어 같은 침팬지를 죽이기까지 한다는 사실입니다. 침팬지 사회에는 엄격한 서열 관계가 있습니다. 우두머리 수컷이나 암컷은 이런 서열을 유지하기 위해 다른 침팬지에게 폭력을 가하고 죽이기까지 합니다. 그리고 이웃한 침팬지 집단 사이에서 전쟁이 일어나기도 합니다. 구달이 관찰한 바에 따르면 패배한 집단의 수컷은 모두 죽임을 당하고 암컷만 살아남았습니다.

구달의 이런 발견은 침팬지가 우리가 알고 있는 것보다 인간에 훨씬 가깝다는 것을 알려 주었습니다. 도구를 사용하고, 사냥을 하며, 감정을 표현하고, 집단 내의 유대감을 만들 수 있죠. 전쟁도 서슴지 않고 동족을 죽이는 것까지 인간 고유의 특성이라고 생각했던 것들이 침팬지에서도 발견된 것입니다.

영장류 연구를 개척한 세 여성

영장류란 생물학적으로 영장목에 속하는 포유류입니다. 하지만 이렇게 분류하면 원숭이라고 일컫는 동물이 모두 영장류에 들어갑니다. 우리가 영장류라 부르는 동물은 사실 그중에서도 꼬리가 없는 원숭이를 뜻하는데, 생물학적으로는 사람상과에 속하는 동물입니다. 유인원, 즉 사람과 비슷한 원숭이라 부릅니다. 이들 유인원은 다시 긴팔원숭잇과와 사람과로 나뉘는데 이 사람과에 속하는 동물이 인간과 가장 가까운 동물이지요. 오랑우탄과 고릴라 그리고 침팬지, 보노보 이렇게 네 종류가 있습니다.

루이스 리키가 연구하고자 했던 영장류는 이들 중 오랑우탄과 고릴라, 침팬지였습니다. 진화의 과정을 보면 침팬지와 인간이 서로 나뉜 것은 약 400만~600만 년 전의 일입니다. 고릴라는 그보다 조금 더 먼 600만~800만 년 전의 일이고, 오랑우탄은 약 1,200만 년에서 1,600만 년 전에 분리된 것으로 알려져 있습니다. 당시에는 이 정도로 정확한 지식은 없었지만, 리키가 다른 유인원을 연구하고자 했던 건 정확한 판단이었습니다.

리키는 가장 먼저 제인 구달에게 침팬지에 대한 연구를 맡겼습니다. 그리고 뒤이어 다이앤 포시에게 고릴라 연구를 맡기고, 다시 비루테 갈디카스에게 오랑우탄 연구를 맡겼습니다. 이렇게 리키의 지원을 받아 영장류를 연구한 세 여성을 '리키의 세 친구'라고 합니다. 관찰력이나 인내심, 집요함에서 남자보다 여자가 더 낫다고 생각해서 이들 세 여성에게 연구를 맡긴 것이죠.

그렇다고 하더라도 대단한 일이 아닐 수 없습니다. 당시 생물학을 연구하는 사람 중에서 여성은 거의 가뭄에 콩 나는 정도

오랑우탄을 연구한 비루테 갈디카스

였고, 대부분 남성이었습니다. 더구나 현장 연구는 그야말로 남
자들뿐이었습니다. 현장 연구는 열대우림 깊은 곳에서 몇 년 동
안 고립된 채 수행해야 하는 가혹한 연구입니다. 더구나 현장 연
구를 위해선 현지인들의 도움과 재정적 지원이 필요합니다. 거
기다 야생동물의 습격과 **밀렵꾼**과의 마찰도 각오해야 합니다.

이런 상황에서 스스로 현장 연구를 하겠다고 나서는 여성
은 많지 않았습니다. 나서더라도 주변에서 말렸고, 현장 연구에
필요한 지원을 얻는 것도 불가능에 가까웠습니다. 그러니 현장
연구를 지원한 세 사람과 이들을 지원한 리키는 당시로 보면 대

단한 결심과 판단이라고 할 수밖에 없습니다.

제인 구달이 탄자니아에서 침팬지에 대한 현장 연구를 시작하고 몇 년 뒤인 1966년부터 다이앤 포시가 르완다에서 고릴라에 대한 관찰과 연구를 시작했습니다. 처음에는 자이레에서 현장 연구를 하려고 했지만 종족 간 전쟁이 이어지는 위험한 곳이라 르완다에 연구소를 세웠습니다. 포시는 거의 18년 동안 르완다의 산악고릴라를 연구했고, 고릴라에 대한 세계 최고의 권위자가 되었습니다. 하지만 연구 과정에서 고릴라를 불법 사냥하는 사람들과 부딪치게 되었고, 이를 막는 과정에서 죽음을 맞았습니다.

비루테 갈디카스는 1971년 인도네시아령 칼리만탄에 들어가 현장 연구를 시작했습니다. 현장 연구를 하기 전 갈디카스에게는 오랑우탄에 대한 과학적 지식이 거의 없었고, 현지 선주민들의 이야기와 사로잡힌 오랑우탄에 대한 관찰 정도가 전부였습니다. 유인원 중 가장 알려지지 않은 존재였지요. 갈디카스는

🌿 지식 더하기

영장류를 위협하는 밀렵꾼

영장류는 기본적으로 사냥을 하거나 포획하는 것이 법으로 금지되어 있습니다. 하지만 영장류를 포획해서 팔면 이익이 크기 때문에 몰래 사냥을 하는 이들이 있습니다. 밀렵꾼 때문에 그렇지 않아도 개체수가 적은 영장류가 멸종 위험에 처하게 되었습니다.

제인 구달

25년 동안 칼리만탄에서 오랑우탄을 관찰했습니다. 오랑우탄은 침팬지나 고릴라와는 달리 무리를 짓지 않기 때문에 현장 연구가 더 어려웠지만 갈디카스의 노력으로 오랑우탄의 생태에 대한 많은 것이 밝혀지게 되었습니다.

이들이 연구를 하기 전까지 대형 유인원에 관해서는 알려진 것이 그리 많지 않았습니다. 수십 년에 걸친 이들의 노력으로 대형 유인원에 대한 체계적인 연구가 이루어졌습니다. 처음에는 모두 리키의 도움으로 연구를 시작했지만, 다들 독립적인 연구 센터를 만들고 각자의 분야에서 탁월한 업적으로 인정을 받았습니다.

이들의 또 다른 공통점은 영장류에 대한 무분별한 불법 사냥에 대항하고 영장류를 보호하는 일에 적극적으로 나섰다는 점입니다. 다이앤 포시는 그 과정에서 죽임을 당하기까지 했지요. 하지만 그렇다고 다른 두 명이 덜 적극적이었던 것은 아닙니다. 비루테 갈디카스는 오랑우탄을 보호하려면 열대우림의 보존이 시급하다는 사실을 깨달았습니다. 그는 **열대우림의 벌목과 고의적인 방화** 등을 막기 위한 캠페인을 벌이는 동시에 밀렵으로 부모를 잃은 오랑우탄에 대한 재활 활동도 적극적으로 벌였습니다.

제인 구달의 경우 1986년까지만 하더라도 동물 보호에 적극적으로 나서진 않았습니다. 연구에만 집중하고 있었죠. 그러

지식 더하기

열대우림의 벌목과 고의적인 방화

인도네시아에선 팜유 농장을 건설하기 위해서 일부러 열대우림에 대규모로 불을 놓는 일이 많습니다. 숲이 불에 타면 개간을 해서 기름야자 농장을 만듭니다. 또 종이를 만들기 위해 열대우림의 나무를 마구 베어 내기도 합니다.

나 구달도 환경 보호에 앞장서기 시작했습니다. '뿌리와 새싹'이라는 환경 단체를 만들었고, 동물원과 동물을 이용한 실험실을 방문하면서 그곳의 침팬지들이 최대한 자연 상태에 가깝게 살 수 있도록 개선할 것을 촉구했습니다. 또한 전 세계를 순회하면서 동물 보호에 대한 강연을 하고 있습니다.

제인 구달

육식을 반대합니다

제인 구달은 기본적으로 육식에 반대합니다. 감정이 있는 동물에게 고통을 준다고 보기 때문입니다. 그래도 꼭 육식을 해야 한다면 사육과 도축 과정에서 동물의 고통을 최소화해야 한다고 주장합니다. 그래서 좁은 곳에서 많은 가축을 기르는 공장식 축산에 명백하게 반대하죠.

하지만 이와 무관하게 어떤 동물을 먹을지 말지 구분하는 것은 문화적 차이일 뿐이라고 말합니다. 특히 아프리카 선주민들이 그가 평생을 바쳐 연구한 침팬지를 먹는 것에 대해 전통 음식 문화의 일부분임을 인정했죠.

이런 그의 태도는 우리나라에 찾아왔을 때도 드러났습니다. 개고기를 먹는 것에 대해 어떻게 생각하느냐는 기자의 질문에 "개가 똑똑하니까 먹지 말자고 주장한다면, 돼지 역시 그만큼 똑똑하므로 먹으면 안 된다"라고 말했죠. 결국 문화적 차이라는 이야기입니다. 육식을 하는 것은 다 똑같은데, 어떤 동물은 되고 어떤 동물은 안 된다는 구별은 없다는 것이죠.

물론 구달이 이 말만 한 것은 아닙니다. 구달은 "저는 개고기만 먹지 말아야 한다고 주장하지 않습니다. 육식 자체를 반대하죠. 육식이 꼭 필요한 것도 아니에요. 고기 대신 식물성 대체육으로 만든 고기를 먹을 수도 있습니다. 맛이나 영양에 차이가 없다면 육식을 할 이유가 없는 거죠"라고 했습

평생을 자기 몸만 한 우리에 갇혀 길러지는 젖소들

니다. 근본적으로 개뿐만 아니라 다른 동물도 먹지 말자는 이야기입니다.

구달은 1970년대 피터 싱어의 《동물 해방》을 읽은 후 채식주의자가 되었다고 합니다. 물론 아주 엄격하지는 않습니다. 강연을 위해 전 세계를 여행하는 동안은 육식을 할 수밖에 없는 경우도 있다고 합니다. 그는 물건을 구매하는 과정에서 항상 다음과 같이 스스로 물어본다고 합니다. "이 제품이 환경에 해로운 영향을 끼쳤는가? 아동 착취나 불평등한 임금 때문에 싼 것은 아닌가? 공장식 축산으로 길러진 가축에게서 얻은 것인가?"

7

나무 심기를 이끈

그린벨트 운동

지구 정원사

1940~2011

왕가리

마타이

왕가리 마타이

Wangari Maathai

> 여성의 문제와 환경 문제는 별개가 아니야

프로필

출생·사망	1940년~2011년
국적	케냐
직업	환경운동가, 정치가
특이사항	나무 심기로 투쟁
	케냐 최초의 여성 박사
	케냐 최초의 여성 교수

대표 이력

나이로비대학교 수의학 교수

케냐 그린벨트 운동 창시

2004년 노벨 평화상 수상

연관 검색어

그린벨트 운동

여성 교육

케냐 가뭄

독재 저항

재미로 보는 인물 그래프

개발도상국에서 일어나는 성차별 중 가장 큰 것이 교육의 기회 박탈입니다. 남성에 비해 여성의 교육 기회가 현저히 낮은 것이죠. 세계은행의 조사에 따르면 사하라사막 남쪽의 아프리카 국가들에서 중등 과정에 진학하는 여학생은 전체의 20퍼센트를 넘지 않고, 그마저도 과정을 모두 마치는 비율은 5퍼센트도 되지 않는다고 해요. 여자아이라면 학교에서 공부를 하기보다 어려서부터 집안일을 돕거나 일을 하기 때문이죠. 심지어 2021년 시작된 코로나19 팬데믹으로 아프리카에서는 2,000만 명이 넘는 여학생이 학교를 그만두었다고 합니다.

여성에 대한 교육은 아주 중요합니다. 여성의 교육을 확대하면 국가의 국내총생산GDP이 증가합니다. 또 모든 여자아이가 12년간의 정규 교육을 마치면 세계적으로 15~30조 달러의 가치를 생산할 수 있다고 해요. 어린 나이에 임신하는 경우도 59퍼센트 감소하고 아동 사망률도 49퍼센트 감소하죠. 교육을 통해 건강과 위생의 중요성을 알았기 때문이에요. 그리고 무엇보다 사회의 당당한 구성원으로서 자존감과 인권의 중요성을 깨달을 수 있죠. 나아가 지구의 환경을 지키고, 기후 변화의 속도를 늦출 수 있습니다. 이 모든 것을 왕가리 마타이가 증명했습니다.

케냐 최초의 여성 박사

1940년 케냐에서 태어난 왕가리 마타이는 1959년 국가 장학생으로 선발되어 미국으로 유학을 떠났습니다. 미국에서는 생물학 전공으로 대학을 졸업하고 석사학위를 받았습니다. 그리고 케냐로 돌아와 1971년 수의학 박사학위를 취득했죠. 박사가 된 뒤 그는 나이로비대학교에서 강의를 하다 1976년 나이로비대학교의 수의학과 교수가 되었습니다. 케냐 여성으로는 모두 처음 있는 일이었습니다.

물론 쉽지 않은 일이었습니다. 1966년 석사학위를 받고 나이로비대학교 동물학 교수의 연구조수로 임명되어 케냐로 돌아왔지만 그 자리는 이미 다른 사람이 차지한 뒤였습니다. 마타이가 속한 부족이 받는 차별이기도 했고, 여성이기에 받는 차별이기도 했습니다. 마타이는 새로 구직 활동을 해야 했고, 결국 독일에 가서 기센대학교의 연구 조교로 일을 하기 시작했습니다. 그리고 3년 뒤인 1969년에 나이로비대학교의 조교수로 돌아왔습니다. 7년간의 강의와 연구 활동 끝에 1976년이 되어서야 교수가 되었지요.

사실 이 정도면 당시 케냐 사회에서 안정적인 삶을 사는 데 아무런 부족함이 없었습니다. 그런데 마타이는 다른 길을 걷기 시작했습니다. 1970년대 초중반 대학에서의 지위가 어느 정도

안정되자 그는 대학 교직원 연합을 노동조합으로 만들기 위해 노력했습니다. 결국 노동조합은 인정받지 못했지만, 그 과정에서 교직원으로 일하던 여성들에 대한 대우가 어느 정도 좋아지는 결과를 얻었습니다.

마타이는 다양한 시민 단체 활동도 시작했습니다. 케냐 적십자사 나이로비 지부의 이사로 활동하고, 케냐 대학여성협회에서도 일했습니다. 환경연락센터가 설립된 후에는 지역이사회에서 일하다가 의장이 되었습니다. 케냐 여성협의회에도 가입했지요.

케냐를 위해, 여성을 위해

마타이는 1969년 결혼한 이후 1976년까지 세 명의 자녀를 낳았습니다. 대학에서 학생들을 가르치고, 자기 연구를 하고, 집에서는 살림을 하면서 아이를 낳고 길렀죠. 남편은 정치인이었습니다. 선거 때마다 남편을 위한 지원도 만만치 않았습니다. 그런데 여기에 여러 시민 단체의 활동까지 하기란 여간 어려운 일이 아니었을 겁니다.

그러나 마타이가 했던 활동들은 하나의 길로 모이고 있었고, 그래서 어느 하나 포기할 수가 없었습니다. 그가 대학에서 주로 연구한 분야는 소였습니다. 소는 케냐에서 가장 중요한 가축이었기 때문이지요. 하지만 그는 현장 연구를 진행하며 케냐에서

왕가리 마타이

소를 키우기가 힘들어지고 있음을 확인했습니다. 토양 침식과 마구잡이 벌목 탓에 초지가 줄어들고 있던 것입니다. 마타이는 또 적십자사와 케냐 여성협의회의 활동을 통해 당시 케냐 여성들이 심각한 영양실조에 걸렸다는 사실도 발견했습니다.

마타이는 여성과 아이들의 영양 부족이 물 때문이라는 사실을 발견했습니다. 케냐의 주력 농산물은 커피였습니다. 커피 나무를 키우는 농업 회사들은 빠르게 성장하는 유럽 품종을 심기 위해 토종 나무를 제거했습니다. 흙을 붙잡는 능력이 떨어지는 유럽 품종이 늘어나자 빗물에 씻긴 흙이 강으로 흘러들어 갔습니다. 또 경작을 위해 삼림을 베어 낸 것도 토양 침식을 부추겼습니다. 강으로 흘러간 흙은 쌓여 강의 흐름을 방해하고, 전통적인 방식으로 농사를 짓던 농민들은 물이 부족해 농사를 짓기 힘들어졌습니다. 또 삼림이 파괴되자 땔감이 부족해졌습니다. 땔감이 없으니 요리를 하기 힘들어지고, 간편하지만 영양분이 부족한 음식을 먹어야 했습니다. 농촌의 가난은 사람들을 도시로 내몰아 결국 도시에는 실업자들이 넘쳐 나게 되었습니다.

마타이는 케냐 여성의 문제와 환경 문제가 따로 떨어져 있는 것이 아니라 아주 밀접하게 연관되어 있다는 것을 느꼈습니다. 그리고 문제 해결을 위해서는 환경 파괴를 막아야 한다는 걸 깨닫게 되었죠.

그린벨트 운동의 시작

왕가리 마타이는 파괴된 환경을 복구하기 위해 가장 중요한 것이 새로 나무를 심는 일이라고 생각했습니다. 마침 남편이 국회의원에 당선되어 일을 하기 좋은 여건이 되었지요. 그는 1974년 환경을 보존하기 위해 나무를 심는 일을 일자리가 필요한 실업자들에게 주는 사업을 벌였습니다. 케냐 수도 나이로비의 도시 숲인 카루라에 나무를 심기 시작했지요. 나무를 심는 사람들에겐 적게나마 임금을 주었습니다. 하지만 나무 심기를 지속하는 데 필요한 자금이 제대로 확보되지 않았습니다. 결국 이 사업은 실패로 끝나고 말았죠.

그러나 마타이는 포기하지 않았습니다. 그는 케냐 여성협의회의 지원을 받아 새로 나무 심기를 시작했습니다. 1977년 6월 5일에는 **세계 환경의 날**을 맞아 나이로비 도심을 가로질러 행진한 뒤 카무쿤지 공원에서 케냐의 지도자 일곱 명을 기리는 일곱 그루의 나무를 심었습니다. 그린벨트 운동이 시작된 것입니다.

🌿 지식 더하기 ⊗ ⊖ ⊘

세계 환경의 날

1972년 지구 환경에 관한 UN 회의가 스웨덴의 스톡홀름에서 열렸습니다. 국제 사회가 환경 보전을 위해 함께 노력을 기울일 것을 다짐한 첫 회의였죠. 이 회의가 열린 6월 5일을 세계 환경의 날로 지정해 매년 기념하고 있습니다.

하지만 그린벨트 운동은 단순히 나무를 심는 것으로 끝나지 않았습니다. 심기만 하고 돌보지 않는 나무는 시들어 버리기 일쑤였으니까요. 마타이는 케냐 여성을 중심으로 그린벨트 운동을 벌였습니다. 우선 새로 복원이 필요한 지역을 선정했습니다. 지역 사회의 풀뿌리 커뮤니티를 중심으로 케냐 고유 품종의 씨앗을 구하고, 묘목을 키우게 했습니다. 묘목을 심고 가꿔서 건강한 나무로 자라나는 과정까지를 포함해서 10단계에 걸친 활동에 금전적 보상을 했습니다. 이 과정을 풀뿌리 공동체의 여성들이 주도하게 했습니다.

나무가 자라면서 땅은 다시 물을 머금기 시작했고, 나무는 열매와 땔감을 제공했습니다. 그리고 이 과정을 주도했던 풀뿌리 공동체의 여성들은 금전적 보상과 열매, 땔감 등으로 자립이 가능해졌습니다. 또 하나 중요한 것은 이 과정을 통해서 공동체가 회복되기 시작했다는 것입니다.

이렇게 지역마다 공동체가 뿌리를 내리면서 식민지 시절, 독재 정부 그리고 뿌리 깊은 남녀 차별 아래서 지배받는 것에 익숙하던 여성들은 주도적으로 자신과 공동체의 삶을 바꾸는 모습으로 변하기 시작했습니다. 마타이는 스스로 이 운동의 목적이 민주주의와 사회적 양식을 존중하고 법률과 인권, 여성의 권리를 준수하는 사회를 만드는 것이라고 정하기도 했습니다.

성과를 내자 그린벨트 운동은 케냐뿐만 아니라 아프리카 전체로 퍼져 나갔습니다. 1986년에는 범아프리카 그린벨트 네트워크로 확대되어 우간다, 말라위, 탄자니아, 에티오피아 등에서도 성공을 거두었습니다. 마타이가 그린벨트 운동과 함께하며 아프리카 전역에 심은 나무는 약 3,000만 그루입니다. 이 운동은 마타이가 사망한 이후에도 계속 이어져 현재 아프리카에서만 5,000만 그루가 넘는 나무를 심고 가꾸고 있습니다.

마타이의 활동은 2006년 시작된 UN 환경계획의 '10억 그루 나무 심기 캠페인'으로 이어졌습니다. 이 캠페인과 관련한 유명한 일화가 있습니다. 미국의 한 회사 경영진이 마타이에게 다음과 같은 질문을 던졌습니다.

"우리 회사가 수백만 그루의 나무를 심으면 환경 문제가 해결될까요?" 마타이는 "10억 그루는 심어야죠"라고 대답했다고 합니다. 이 이야기는 UN 환경계획이 주도하는 10억 그루 나무 심기 캠페인으로 이어졌습니다. 그리고 5년 만에 무려 125억 그루의 나무가 심어졌습니다. 현재 이 프로젝트는 규모를 더 키워 1조 그루의 나무를 심고 키우는 것으로 발전했습니다.

마타이는 그린벨트 운동을 주도한 업적으로 2004년 노벨 평화상을 받았습니다. 환경운동에 이 상이 주어진 것도, 아프리카 여성에게 이 상이 주어진 것도 마타이가 처음이었습니다.

누가 숲을 지우는가!

케냐라고 하면 울창한 **열대우림**과 드넓은 초원이 항상 떠오릅니다. 영상으로 접한 케냐는 그런 모습이죠. 하지만 현재 케냐는 3년째 최악의 가뭄으로 동물과 사람들이 죽어 가고 있습니다. 강은 말라 버리고, 마실 물이 없어 흙탕물을 퍼다 마셔야 합니다. 94만 명의 아이들이 영양실조에 걸리고 수많은 동물이 여기저기 굶주림과 목마름으로 죽어 있습니다. 이런 일이 일어나는 이유는 무엇일까요?

케냐는 원래 반투족과 마사이족이 사는 곳이었습니다. 17세기 이후 오만제국의 식민지였다가 19세기 후반 영국의 식민지가 되었죠. 이후 1963년에 독립할 때까지 케냐는 영국 정부와 기업의 수탈에 시달려야 했습니다. 이 과정에서 열대우림과 초원이 없어지고 대규모 경작지가 조성되었습니다.

독립 후 10여 년간 안정적인 성장을 하던 케냐는 대니얼 아랍 모이가 대통령이 되면서 일당 독재 국가가 되었습니다. 모이는 2002년까지 20여 년간 케냐를 지배했습니다. 이 과정에서 케냐는 성장은 더디고 불평등은 심각한 나라가 되었습니다. 케냐의 자연도 더 훼손되었습니다. 독재 정부는 숲을 없애고 그 자리에 건물을 지어 농장을 지으려는 기업가들의 손을 들어 주었습니다. 숲은 그곳에 사는 이들에게는 삶을 지탱해 주는 버팀목이지만 독재자와 기업에게는 이윤의 대상이었습니다. 한쪽에서는 마타이를 비롯한 사람들이 계속 나무를 심는데도 케냐 전체의 숲은 오히려 줄어들었습니다.

그래서 마타이의 그린벨트 운동은 나무를 심고 가꾸는 아주 평화로운 운동이었지만 또 다른 면에서는 당시 케냐의 독재 정권에 맞선 저항운동이기도 했습니다. 그리고 이 저항 때문에 마타이는 지속적으로 고난을 겪었습니다. 여러 번 체포되고, 경찰이 집을 포위하기도 했으며, 어디에도 취업할 수가 없었습니다. 1974년 나무를 심으면서 시작된 마타이의 시련은 20여 년간 이어졌습니다.

대표적인 사건이 1998년에 일어났습니다. 1998년 여름, 마타이는 케냐 정부의 비밀 하나를 알게 되었습니다. 나이로비 북쪽에 위치한 카루라 숲의 그린벨트 지역이 민간 개발업자에게 넘어간 것입니다. 마타이는 정부에 항의하고 언론에도 제보했습니다. 하지만 독재 정부는 꿈쩍도 하지 않았지요. 마타이는 숲을

마타이를 기리는 독일의 메모리얼 스톤

없애려는 개발업자와 경찰에 맞서 동료들과 함께 숲을 지키기 위해 나섰습니다. 결국 경찰에 끌려갔다 풀려난 마타이는 카루라 숲에 나무를 심으면서 계속 저항했습니다.

케냐 정부는 사유재산을 지키는 것은 개인의 자유이자 책임이라는 입장을 밝혔습니다. 민간 개발업자들에게 정부가 준 땅을 지키라는 것이었죠. 용역을 동원해 폭력을 행사하라는 뜻이었습니다. 실제로 나무를 심으러 간 마타이와 동료들은 용역에게 무자비한 폭행을 당했습니다. 경찰들은 그냥 두고만 볼 뿐이었죠. 경찰과 깡패 용역들의 합작품이었습니다. 마타이는 머리에 커다란 상처를 입었습니다. 죽지 않은 것이 다행일 정도였죠.

이 사건으로 전 세계가 케냐 정부에 비판을 쏟아 냈습니다. UN의 코피 아난 사무총장이 공개적으로 폭력 사태의 책임을 추궁했습니다. 케냐의 대학생들이 거리로 나서 시위를 하기 시작했고요. 경찰은 대학생들을 향해 최루탄과 총을 쐈고, 대학에 휴교령을 내렸습니다. 대학생 다음은 국민들이었습니다. 시위는 더 격렬해졌습니다. 결국 사건이 시작되고 1년이 지난 1999년 8월, 모이 대통령은 공공부지에 대한 모든 매각을 금지하겠다고 발표했습니다.

아프리카가 가난한 진짜 이유

마타이는 1998년 '주빌리 2000 아프리카'의 공동 의장으로 취임했습니다. 주빌리(jubilee)는 특정한 주기마다 부채를 탕감하는 기독교 전통에서 유래한 말입니다. 주빌리 2000은 2000년을 맞이하여 가난한 나라가 부유한 나라에 진 빚을 탕감하자는 운동으로, 그 중 아프리카 대륙의 주빌리 2000 운동을 주도한 것이 주빌리 2000 아프리카였습니다. 이 운동은 많은 사람의 호응을 얻었지만 성공하지는 못했습니다.

아프리카는 오늘날 지구에서 가장 가난한 대륙입니다. 아프리카의 가난과 그들이 선진국에 진 빚을 없애라고 요구하는 이유를 생각해 보죠. 아프리카가 가난한 이유의 중심에는 유럽이 있습니다. 유럽은 17세기부터 20세기까지 아프리카 대륙의 대부분을 식민지로 삼았습니다. 영국과 프랑스가 가장 많은 식민지를 차지했지요. 처음에는 아프리카 사람들을 데려가 노예로 부렸습니다. 또한 아프리카 부족들 사이의 전쟁을 유도하기도 했습니다. 아프리카의 지하자원을 채굴해서 본국으로 가져갔고, 마음대로 숲을 개간하고 농지를 만들어 돈이 되는 작물을 키워 팔기도 했습니다. 그 과정에서 아프리카 사람들은 가족을 잃고, 노예가 되고, 땅을 빼앗겼습니다.

독립 이후에도 아프리카의 시련은 계속되었습니다. 유럽인들은 아프

아프리카 대륙을 밟고 선 대영제국

리카를 지배할 때 자기들 마음대로 선을 그어 식민지를 만들었습니다. 같은 부족이 다른 나라로 나뉘고, 사이가 좋지 않던 부족이 같은 나라가 되었죠. 이는 결국 갈등의 원인이 되어 독립 후에 곳곳에서 내전이 일어났습니다. 결국 아프리카의 가난과 빚의 원인은 유럽을 비롯한 선진국에 있습니다.

8

한국 생태운동의

대부

녹색평론

1947~2020

김 종 철

김종철

우리는 과연 제대로 살고 있는 걸까?

프로필

출생·사망	1947년~2020년
국적	대한민국
직업	문학평론가, 생태사상가, 언론인
특이사항	학자에서 환경운동가이자 정치 활동가로 변신

대표 이력

영남대학교 영문학 교수

〈녹색평론〉 발행인

녹색당 창당

녹색전환연구소 이사

연관 검색어

생태주의

녹색평론

성장의 한계

기본소득

재미로 보는 인물 그래프

사교성
천재성
노력
행복
수명

컴퓨터의 핵심은 CPU와 메모리입니다. CPU는 우리가 내리는 명령에 따라 프로그램을 돌리고, 프로그램을 돌리는 데 필요한 데이터는 메모리에 저장되지요. 개인용 컴퓨터가 대중적으로 사용되고 30여 년이 지나는 동안 이 둘은 엄청나게 발전했습니다. 이전보다 1,000배 이상 빠른 속도로 일을 하면서도 소모하는 전기에너지는 1,000분의 1 이하로 줄어들었습니다.

컴퓨터만이 아닙니다. 기술의 발전 덕에 기계는 이전보다 더 적은 에너지로 더 많은 일을 할 수 있게 되었습니다. 자동차도 같은 휘발유로 더 많은 거리를 달리고, 휴대전화도 이전보다 적은 에너지로 더 오래 사용할 수 있습니다. 이에 힘입어 우리 인간도 이전보다 적은 노력으로 더 많은 일을 합니다. 컴퓨터와 인터넷이 없던 시절 글을 쓰려면 서점도 가야 하고 도서관에도 들러 논문을 뒤져야 했지만, 지금은 클릭 몇 번으로 이 모든 자료를 찾을 수 있습니다.

그런데 예전이라면 여덟 시간 걸릴 일을 한두 시간 만에 할 수 있게 되었는데도 우리는 왜 여전히 과로에 시달릴까요? 현대 자본주의 사회가 더 많은 일을 해서 더 많은 돈을 벌고, 더 많은 소비를 하도록 만들기 때문이라고 주장하는 이들이 있습니다.

김종철

같은 일에 더 적은 에너지를 쓸 수 있게 된 것은 현대 문명이 이룬 성과 중 하나입니다. 그런데 우리가 쓰는 에너지의 총량은 줄어들기는커녕 자꾸 늘어나고 있습니다. 현대 자본주의 사회가 가진 문제입니다. 이전보다 많은 일을 하다 보니 에너지 소비량이 더 늘어난 것이죠. 그래서 현대 사회는 계속 새로운 발전소를 짓고, 더 많은 전기를 공급해야 유지됩니다.

현대 자본주의 사회는 더 많은 자원을 쓰도록 만들면서 지구를 고갈시키고 있습니다. 건설 회사는 매년 이전 해보다 더 많은 건물을 지으려고 합니다. 그래야 더 많은 수익이 생기니까요. 하지만 건물을 더 많이 지으려면 시멘트와 철근이 그만큼 더 많이 필요합니다. 그래서 매년 이전 해보다 더 많은 시멘트를 만들려고 산에서 석회석을 캐고, 새로운 광산을 파서 철광석을 구합니다.

자본주의 사회는 이렇게 개인이 더 많은 일을 하도록 만들고, 더 많은 에너지와 자원을 소비하는 것을 통해서만 유지됩니다. 이렇게 계속 살다가는 지구에도, 인류에게도 종말이 올 수밖에 없을 것입니다. 이런 생각의 결과로 등장한 새로운 개념이 바로 생태주의입니다.

생태주의를 주장하는 사람들은 더 많은 돈을 벌기 위해서 더 많은 노동을 하기보다는 적당한 노동으로 삶을 유지하면서 여유 있는 생활을 하자고 주장합니다. 그리고 성장에만 치우친 정책을 바꿔 지구에 무리가 가지 않는 수준에서 성장을 멈춰야 한다고도 이야기합니다. 우리가 쓰는 자원은 무한한 것이 아니라 언젠가 바닥이 드러날 수밖에 없으니 자연이 허용하는 한도 내에서만 사용하자는 것이죠. 이런 생태주의는 특히 환경 오염이 심해지고, 온실가스에 의한 기후 위기가 심해질수록 많은 사람의 지지를 받고 있습니다.

생태주의로 지구를 구하자!

생태주의가 우리나라에서 확산될 수 있도록 만든 이들 중 누구나 첫손에 꼽는 이가 김종철입니다. 원래 김종철은 대학에서 영문학을 전공하고, 영남대학교에서 영문학과 교수로 있었습니다. 나름대로 진보적인 생각을 품고 있던 지식인으로, 당시 진보적 문학 잡지였던 〈창작과 비평〉에 글을 쓰고 있었죠. 그런 김종철이 생태주의로 자신의 관점을 바꾸고 생태주의 활동가가 된 가장 큰 계기는 미국 방문이었습니다.

1980년대 김종철은 잠시 미국으로 떠났습니다. 영어의 본고장인 미국에서 영문학 연구를 좀 더 깊이 있게 하고 싶었기 때문입니다. 하지만 미국에서 김종철에게 가장 큰 영향을 준 사람

은 다른 영문학자가 아니라 루돌프 바로라는 동독 출신의 철학
자이자 정치인이었습니다. 그가 쓴 《적색에서 녹색으로》를 읽으
면서 생태주의에 눈을 뜬 것이죠.

　　원래 루돌프 바로는 동독의 공산주의자였습니다. 하지만
1970년대 동구의 공산주의와 서구의 자본주의를 동시에 비판하
면서 생태주의를 주장했습니다. 그 때문에 동독 경찰에게 잡혀
교도소에 감금되었습니다. 하지만 그의 주장에 감화된 서유럽의
많은 사람이 그의 석방을 위해 힘쓴 결과, 2년 뒤 석방되어 서독
으로 망명할 수 있게 되었습니다. 그는 서독에서도 생태주의를

김종철에게 많은 영향을 준 루돌프 바로

계속 주장했고, 서독 녹색당 출범에도 큰 영향을 끼쳤습니다.

루돌프 바로는 제3세계에 대한 선진 산업국가의 독점적 약탈이 현재의 산업문명을 지탱하고 있다고 주장했습니다. 선진국 사람들이 누리는 생활을 인류 전체가 누리기 위해서는 지금 우리가 가진 것의 20배 넘는 자원과 에너지가 필요한데, 그건 불가능하죠. 소수를 위해 다수가 피해를 보고 있다는 이야기입니다.

또한 그는 현재 자본주의 체제에서는 인간이 필요한 만큼 생산하는 것이 아니라, 생산 그 자체가 목표가 되어 버렸다고 주장했습니다. 굳이 필요하지도 않은 과잉 생산에 엄청난 에너지가 소모되고 있다는 것이죠. 이런 상황에서 산업화는 결국 세계를 파괴와 죽음으로 내몰고, 인류 문명은 파멸을 맞이하게 될 거라고 주장했습니다.

루돌프 바로는 산업 중심의 자본주의 사회 대신 일상생활

🌿 **지식 더하기**

동독과 서독

제2차 세계대전 이후 독일은 미국, 영국, 프랑스, 소련이 각각 나누어 점령했습니다. 그중 소련이 점령하던 동쪽 지역이 1949년 독일민주공화국으로, 나머지 서쪽 지역이 1955년에 독일연방공화국으로 독립함으로써 독일은 동독과 서독으로 분단되었죠. 사회주의 국가였던 동독과 민주주의 국가였던 서독은 오랫동안 베를린 장벽을 사이에 두고 갈라져 있었습니다. 1990년 베를린 장벽이 무너지고 동독과 서독은 통일되어 현재의 독일을 이루었습니다.

김종철

의 필수품 대부분을 자급자족하는 조그마한 공동체를 대안으로 제시했습니다. 그리고 이를 위해선 농업이야말로 가장 먼저 갖춰야 하는 조건이라고 했죠.

이전부터 성장 위주의 사회에 문제의식을 가지고 있던 김종철은 이런 바로의 주장에 많은 영향을 받았습니다. 1년여의 미국 생활에서 김종철은 인류가 당면한 문제의 핵심이 지구 생태계의 지속 가능성이라고 생각했습니다. 진보적 지식인으로서 군부 독재를 물리치고 민주주의를 회복하는 일이 가장 중요하다고 여겼던 김종철은 이제 탐욕스러운 서구 문명으로부터 위기에 처한 지구를 구하는 일이 더 중요하다고 여기게 된 것이죠.

〈녹색평론〉 그리고 녹색당

한국에 돌아온 김종철은 생태주의를 어떻게 뿌리내릴까 고민했습니다. 그런 와중에 시간이 흘러 1990년대가 되었습니다. 1970년대부터 1980년대까지 우리나라는 군부 독재와 쿠데타를 경험했습니다. 그래서 당시는 군부 독재에 맞서 민주주의를 회복하는 것이 무엇보다 중요했지요. 하지만 1987년 6월 민주 항쟁 이후 우리나라는 많은 변화를 겪었습니다.

민주주의의 회복이 무엇보다 시급한 과제였던 시대가 끝나고 이제까지의 정치적 투쟁보다 훨씬 근원적인 투쟁이 서서히 시작되었습니다. 생명과 인간성을 수호하기 위한 투쟁의 필요성이 절박하게 다가오고 있다고 생각한 김종철은 이를 〈녹색평론〉이란 잡지를 통해 시작하고자 했습니다.

1991년 〈녹색평론〉이 두 달에 한 번씩 펴내는 잡지로 세상에 나왔습니다. 처음 잡지를 냈을 때는 누구도 성공을 장담할 수 없었습니다. 당시 생태주의 사상 자체가 일반인들에게 낯설기도 했고, 이런 잡지를 돈을 내고 볼 사람이 과연 얼마나 있을지도 의문이었습니다. 김종철은 자신이 그동안 모은 돈으로 어떻게든 버텨 보겠다고 잡지를 창간했지만, 사실 경제적 문제를 해결하는 것은 쉽지 않을 거라 각오했죠. 하지만 잡지는 창간 두 달 만에 정기구독자 1,000명을 돌파하고, 1년이 지나자 발행 부수가 5,000부를 넘어서게 되었습니다.

안정적으로 잡지를 발간할 토대가 마련된 것도 좋은 일이었지만 우리나라에도 성장 위주의 세계관에서 탈피해 다른 세계를 꿈꾸고 싶은 이들이 적지 않음이 김종철에게는 더 고무적

🌿 **지식 더하기**　　　　　　　　　　　　　　　　　⊗ ⊖ ⊘

〈녹색평론〉

생태주의 시각에서 사회의 각종 이슈를 다루는 격월간 시사잡지로 우리나라 생태주의 운동의 시작점이라 해도 과언이 아닙니다. 2021년 11-12월호 이후 재정적 문제와 종이 잡지의 한계 등으로 휴간하였다가 2023년 여름호부터 계간지의 형태로 재창간되었습니다.

인 일이었습니다.

하지만 시간이 지나면서 한계 또한 분명해 보였습니다. 우리 사회에 생태주의로의 전환을 꿈꾸는 이들이 있다는 건 사실이었지만 여전히 전체로 보면 소수에 불과했습니다. 거기다 생태주의를 지지하거나 호감을 가진 이들 중에도 김종철과 〈녹색평론〉에 대해 회의적인 생각을 갖는 이들이 많았습니다. 쉽게 말해서 다 옳은 이야기지만 현실성이 없다는 것이었습니다. 이런 지적들에 동의한 것은 아닙니다만 김종철은 또 다른 변화를 모색합니다. 〈녹색평론〉을 통해 생태주의에 입각한 주장을 펼치는

〈녹색평론〉 창간호

것뿐만 아니라 실제로 사회를 바꾸기 위한 노력을 해야겠다고 생각한 것입니다.

2000년대 후반부터 김종철은 개인의 변화와 함께 사회구조를 생태적으로 변화시키기 위해 필요한 것을 고민하기 시작했습니다. 가장 대표적인 것이 기본소득입니다. 그는 더 이상 경제성장은 불가능하다는 전제 아래 인류와 다른 생명이 공생할 수 있는 새로운 삶의 방식을 제시했습니다.

기술이 발달하면 같은 일을 더 빠르게 처리할 수 있습니다. 따라서 이전에 100명이 하던 일을 80명, 70명이 하게 됩니다. 더 많은 일을 할 필요가 없게 되니 이전보다 더 적은 사람만 일을 하게 되고, 자연히 일자리를 잃는 사람이 생깁니다. 결국 성장이 이루어지지 않으면 고용도 확대되지 않습니다.

이 문제에 대해 그는 고용이 줄어드는 대신 기본소득을 주자는 대안을 제시했습니다. 국민 모두가 월 100만 원씩 기본소득을 받게 되면, 이전보다 적게 일해도 생활을 유지할 수 있습니다. 그러면 한 사람이 10시간 일하던 것을 8시간, 7시간으로 줄일 수 있고, 자연히 고용 문제도 해결된다는 것입니다.

김종철에게 기본소득은 모든 시민의 권리였습니다. 현재 인류 문명이 이룩한 진보는 어느 개인이나 기업이 아니라 인류 전체가 노력한 결과입니다. 그러니 그 과실 또한 인류 전체가 누리는 것이 당연한 권리라는 것입니다.

김종철은 이러한 자신의 주장을 실현하기 위해 2012년 생태주의 정당인 녹색당 창당에 참여했습니다. 그리고 2013년 녹색전환연구소 이사장에 취임했죠. 물론 김종철 혼자의 힘으로 모든 일이 일어난 것은 아닙니다.

1990년대는 우리나라 환경운동이 본격화된 시기이기도 합니다. 많은 사람이 환경운동과 성장 주도 사회의 현실에 문제의식을 느껴 환경운동에 뛰어들었습니다. 1991년 녹색연합이 세워졌고, 1993년 공해추방운동연합을 토대로 전국 8개 환경 단체가 통합되어 환경운동연합이 만들어졌습니다. 1988년에는 우리나라의 대표적인 친환경 협동조합인 한살림협동조합이 결성되어 1990년대부터 활발한 활동을 펼쳤습니다. 이런 흐름이 있어 녹색당도, 녹색전환연구소도 가능했습니다.

김종철은 2020년 6월 25일 사망했습니다. 하지만 우리나라 생태주의 운동의 시작점으로서 김종철은 여전히 커다란 영향력을 보이고 있습니다. 그가 시작한 〈녹색평론〉, 녹색당, 녹색전환연구소 등은 여전히 활발한 활동을 펼치고 있습니다. 또한 그로부터 영향을 받은 사람들이 문화, 사회, 정치 영역에서 꾸준히 자신의 영역을 만들어 가고 있습니다.

기본소득이란?

기본소득은 2010년 이후 우리나라에서 많은 관심을 받고 있는 개념입니다. 기본소득이 지급되면 누구나 삶의 안전선을 마련할 수 있습니다. 이전보다 노동에 덜 얽매이게 되니 자신을 위한 시간을 가질 수도 있죠.

하지만 기본소득은 비용이 많이 드는 제도입니다. 예를 들어 국민 1인당 월 100만 원씩 지급하려면 한 달에 50조 원, 1년이면 600조 원이 필요합니다. 가난한 나라에선 불가능하죠. 결국 국가 내의 불평등은 줄일 수 있을지 모르지만 국가 간 불평등은 오히려 심화시킬 수 있습니다.

기본소득 때문에 다른 복지제도가 축소되어 오히려 가난한 사람들에게 피해가 갈 수 있다는 주장도 있습니다. 현재 생계급여, 각종 장학금, 장애인이나 노인을 위한 돌봄 서비스 등 다양한 복지제도가 소득 수준별로 이루어지고 있습니다. 이런 복지제도에 필요한 예산이 기본소득으로 돌아가면, 소득 수준이 낮은 사람이 이전에 비해 손해를 볼 수도 있다는 것입니다.

기본소득을 지급하려면 세금을 더 걷어야 합니다. 당연히 소득이 높은 사람에게 더 걷어야겠죠. 그런데 이미 소득이 충분한 사람에게 세금을 걷고 다시 기본소득을 준다면 그 또한 무슨 의미가 있는가 하는 비판도 있습니다.

9

기후 불평등의

기후 활동

책임을 묻다

1996~

버 네 사
나 카 테

버네사 나카테

Vanessa Nakate

환경 파괴는
자본주의의 결과야

프로필		대표 이력
출생·사망	1996년~	다보스 포럼 북극 베이스캠프 대표단
국적	우간다	라이즈 업 무브먼트 아프리카 설립
직업	기후 활동가	유니세프 친선대사
특이사항	1인 시위에서 세계적 리더로 성장	

연관 검색어

다보스 포럼

인종차별

기후 불평등 고발

국회 1인 시위

재미로 보는 인물 그래프

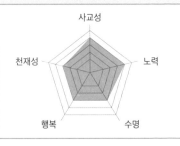

사교성

천재성

노력

행복

수명

매년 1월에서 2월 사이가 되면 세계에서 저명한 기업인, 경제인, 정치인, 학자 등이 한곳에 모여 세계의 경제에 대해 토론하고 연구하는 모임이 열립니다. 1971년 유럽경영포럼으로 시작해 1973년 전 세계로 규모를 확장한 세계경제포럼입니다. 이 모임은 항상 스위스의 휴양 도시 다보스에서 열리기 때문에 다보스 포럼이라 부르기도 합니다. 다보스 포럼은 '세계 경제 올림픽'이라는 별명이 붙을 정도로 규모가 크고 막강한 영향력을 자랑합니다.

2020년 1월에 열린 다보스 포럼에 참석한 이들 중 가장 젊은 몇 명이 같이 사진을 찍었습니다. 기후 위기에 대한 대응을 촉구하기 위해 북극 베이스캠프가 초청한 다섯 명의 국제 대표단이었습니다.

학생 기후 활동가인 이들은 다른 활동가 15명과 함께 화석연료 산업을 위한 보조금 지급을 중단하라는 편지를 써서 다보스 포럼 참석자들에게 먼저 보냈죠. 석유나 석탄 같은 화석 연료를 사용하는 데 정부가 보조금을 지급하는 것이 기후 위기를 더 악화시키고 있다는 내용을 담은 편지였습니다.

이들은 단지 편지만으로는 부족하다고 여겼습니다. 그래서 그중 다섯 명이 기후 위기 학생 국제 대표단으로 다보스에 갔습니다. 대표단은 그곳에서 포럼의 마지막 날 다른 사람들과 함께 기후 행진을 하기도 했지요. 당연히 언론의 관심이 집중되었습니다.

신문사나 잡지사, 방송국에는 기자들이 있긴 하지만 전 세계 모든 곳에 기자를 보낼 수 없습니다. 그래서 통신사와 계약을 맺습니다. 그리고 그들이 보내는 전 세계의 뉴스나 사진, 동영상을 이용해서 기사를 작성합니다. 전 세계적으로 가장 유명한 통신사에는 AP, AFP, UPI, 로이터 등이 있습니다. 그중 AP통신의 사진기자가 이들 다섯 명의 사진을 찍었습니다.

AP통신이 찍은 사진은 그 회사가 수천 곳이 넘게 계약한 전 세계 언론사에 제공되었습니다. 그들이 작성한 뉴스에 대표단을 찍은 사진이 사용되었지요. 그런데 대표단은 분명 다섯 명이었는데 사진에는 네 명밖에 없었습니다. 한 명은 바쁜 일이 있어서 사진을 같이 찍지 않았던 걸까요? 아니면 카메라에 무슨 문제가 있던 걸까요?

아닙니다. 기후 위기 학생 국제 대표단은 언론이나 대중 앞에 나설 때 항상 같이 있었습니다. 당연히 사진도 다섯이 같이 찍었죠. 카메라가 고장 났거나 잘못 찍은 사진도 아니었습니다. 사건의 진실은 사진기자가 사진에서 한 명을 잘라 낸 것이었습니다. 즉 원래 사진에는 다섯 명이 모두 나와 있었는데, AP통신이 언론사에 보낸 사진은 왼쪽 끝에 있는 한 명이 잘려 나간 사진이었던 것이죠.

사진에서 사라진 한 명은 우간다 출신의 환경운동가 버네사 나카테였습니다. 그는 분노했고 이튿날 트위터에 두 사진을 올리면서 이렇게 썼습니다. "당신은 사진을 지운 것이 아니라 대륙을 삭제한 것이다." 그는 또 "나는 이 사진을 통해 인종차별이라는 말의 정의를 처음 깨달았다"라고도 했습니다.

이에 대해 AP통신의 사진 편집국장은 처음에 이렇게 답했습니다. "AP통신의 사진기자는 나카테의 뒤에 있는 건물이 주의를 산만하게 한다고 생각했고, 그래서 더 좋은 구도의 사진을 위해 잘라 냈던 것이다. 다른 의도는 없었다"라고요. 그리고 원본 사진으로 다시 교체했지요.

하지만 사진의 다른 네 명을 포함해서 많은 이들이 AP통신을 비판했습니다. 단순히 실수라는 말로 끝낼 일이 아니라고 말이죠. AP통신은 이런 반응에 당황했고 두 번에 걸쳐 사과를 해야 했습니다.

AP통신의 사진기자는 아마 사람들에게 가장 많이 알려진 그레타 툰베리를 부각하고 싶었을 겁니다. 하지만 그 결과는 참혹했지요. 사진의 인물들은 스웨덴의 그레타 툰베리와 이사벨레 악셀손, 독일의 루이사 노이바우어, 스위스의 루키나 틸레 그리고 우간다의 버네사 나카테입니다.

나카테를 빼면 모두 백인이고 유럽 출신이죠. 나카테만 삭제하면 이제 기후 위기에 대응하는 이들은 유럽 출신의 백인들만 남게 됩니다. 대륙을 지웠다는 말은 바로 이런 의미죠.

우간다의 재앙과 1인 시위

나카테가 나고 자란 우간다는 아프리카의 중심에서 약간 오른쪽에 있는 나라입니다. 왼쪽은 콩고민주공화국, 오른쪽은 케냐, 위는 남수단, 아래는 탄자니아와 맞닿은 내륙 국가죠. 그 대신 국토의 중앙을 가로지르는 백나일강이 있고, 아래에는 세계에서 세 번째로 큰 호수인 빅토리아호가 있습니다. 적도가 지나는 열대 지역이지만 경치도 좋고 풍요로운 자연환경이 돋보여 아프

> **🌿 지식 더하기**　　　　　　　　　　　　　　⊗ ⊖ ⊙
>
> 그레타 툰베리
> 2018년 8월부터 금요일마다 학교에 가는 대신 스웨덴 의회 바깥에서 '기후를 위한 학교 파업'이란 팻말을 들고 1인 시위를 시작했습니다. 이후 그레타 툰베리를 중심으로 전 세계 청소년이 '미래를 위한 금요일(Friday for Future)'이란 기후를 위한 연대 모임을 만들어 활동하고 있습니다.

리카의 진주라 부르기도 합니다.

그런데 21세기 들어 우간다와 주변 나라에 10년 이상 극심한 가뭄이 계속되고 있습니다. 전문가에 따르면 2,800만 명의 주민이 먹을 것이 없어 굶주리고 있다고 합니다. 거기다 우간다의 열대우림과 그 주변 지역에선 대규모 홍수도 자주 발생합니다. 한쪽은 가뭄이, 또 다른 쪽은 홍수가 우간다를 비롯한 중동부 아프리카 사람들의 삶을 힘들게 하고 있죠.

나카테는 이런 이상 기후가 왜 일어나는지 궁금했습니다. 사람들과 토론도 하고, 자료도 찾아보았습니다. 그리고 기후 위기 때문이라는 것을 깨닫게 됩니다. 나카테는 자신이 뭔가 해야 한다고 생각했지요. 그는 금요일마다 학교를 나가지 않고 1인 시위를 한 그레타 툰베리의 방식을 따르기로 했습니다.

해가 바뀌고, 나카테는 2019년 1월 우간다의 국회 앞에서 기후 위기에 대한 1인 시위를 시작했습니다. 당시 나카테는 우간다 수도인 캄팔라에 자리한 마케레레대학교의 대학원에 다니고 있었죠. 1인 시위는 다섯 달에 걸쳐 일주일에 한두 번씩 끈질기게 이어졌습니다.

처음에는 주변을 경비하는 경찰 이외에는 아무도 관심을 가지지 않았지요. 혼자 피켓을 들고 종일 서있어도 왜 그러는지 묻는 이들도 한 명 없었습니다. 하지만 석 달이 지나고 넉 달째 접어들자 그에 대한 소문이 퍼져 나가면서 나카테의 주장에 함께 하는 사람들이 하나둘 모이기 시작했습니다.

나카테는 그들과 함께 '라이즈 업 무브먼트 아프리카'라는 단체를 만들었습니다. 동료들과 함께 더 활발한 활동을 펼치기 시작한 거지요. 그 과정에서 아프리카의 다른 기후 활동가들과 교류하고, 나아가 전 세계 기후 활동가들과의 연대 활동도 더 열심히 펼쳐 나가기 시작했습니다. 2019년 12월 나카테는 스페인에서 열린 UN 기후변화회의(COP25)에서 네 명의 기후 활동가 중 한 명으로 연설을 하기도 했습니다.

이런 활동들 덕에 나카테는 2020년 영국의 공영방송 BBC가 발표한 '100명의 여성' 중 한 명으로 뽑혔습니다. 2021년에는 미국의 시사주간지 〈타임〉이 발표한 '미래 세대 100인'에도 선정되었습니다.

나카테가 말하는 기후 위기의 불평등

이렇게 나카테가 기후 위기 활동을 시작한 지 얼마 되지 않아 많은 사람의 인정을 받기 시작한 데는 그의 말에 힘이 있기 때문입니다. 자기가 사는 땅의 일, 자기 이웃의 일로부터 기후 위기에 대한 이야기를 하죠. 이런 이야기는 유럽과 같은 잘사는 나라에선 쉽게 들을 수 없습니다. 예를 들면 이런 이야기입니다.

"내 고향 우간다의 수도 캄팔라는 치명적인 홍수와 산사태가 일상적인 위협이 되고 있습니다. 2019년에 특히 큰 피해를 입었어요. 폭우로 12명이 넘는 사람들이 사망하고 가재도구가 씻겨 나가고 농장과 공장이 파괴되었습니다. 앨버트 호수 부근에선 넘쳐 난 물로 응토로코 지역의 초등학교가 잠겼죠. 약 1,000명의 어린 학생들이 학교에 다닐 수 없게 되었습니다."

그는 기후 위기에 가장 책임이 적은 아프리카가 왜 기후 위기 때문에 고통을 겪어야 하는지를 묻습니다. 아프리카 대륙 전체가 배출한 온실가스는 전 세계 배출량의 5퍼센트 정도밖에 되지 않습니다. 남극을 제외하고 가장 적은 온실가스를 배출하고 있는데도 아프리카 사람들이 기후 위기의 피해를 가장 심하게 받고 있다는 거죠. 그는 자신이 사는 우간다의 수도 캄팔라에서 홍수로 죽은 사람들의 시체가 경찰 트럭에 가득 실려 있는 걸 보는 일이 드물지 않다고 말합니다.

특히 주목할 것은 이런 기후 위기가 아프리카에서도 가장 가난한 사람들 그리고 어린이 중에서도 여자아이들에게 큰 영향을 미치고 있다는 점입니다. 나카테는 운이 좋아 중등교육을 받고 대학에 다녔습니다. 그 덕분에 기후 변화가 우간다에 미치는 영향을 연구하고 기후 위기에 대응하는 활동을 할 수 있었습

버네사 나카테

니다. 하지만 사하라 사막 이남의 아프리카에서는 900만 명의 여자아이들이 학교에 전혀 가질 못하고 있습니다.

　전 세계에서 매년 1,250만 명의 여자아이들이 교육을 제대로 받지 못하는 것으로 추정된다고 합니다. 가뭄과 홍수가 기후난민을 만들고, 다양한 질환이 이전보다 더 많이 사람들을 괴롭히는 상황에서 가장 먼저 교육의 혜택을 받지 못하는 사람은 여자아이들이라는 거죠. 식수난과 식량난에 여자아이들은 학교에 가는 대신 먼 곳에서 물을 길어 오고, 일을 해서 집안에 보탬이 되어야 하기 때문입니다.

　여자아이에게 결혼을 강요하기도 합니다. 가족 입장에서는 한 명이라도 입을 덜기 위해서입니다. 아프리카나 중동의 많은 나라에서는 시집을 보내면 신랑 집안으로부터 지참금을 받을 수 있기 때문이기도 합니다.

　아프리카나 중동에서 여자아이들에 대한 교육 기회를 확대하는 것은 기후 위기와 관련해서도 중요한 역할을 할 수 있습니다. 최근 가난한 37개 나라의 학생들을 대상으로 조사를 했는데, 응답자의 86퍼센트가 기후 변화에 대한 충분한 정보를 얻지 못한다고 답했습니다. 거의 절반은 파리협정에 대해 전혀 모르며, 20퍼센트만이 기후 위기에 대해 배웠다고 답했습니다.

　나카테는 여자아이들에 대한 교육의 중요성을 강조합니

다. 교육을 통해 기후 위기의 핵심에 사회 · 경제적 문제가 있음을 알 수 있고, 불평등을 해결하기 위해 무엇을 해야 하는지 알 수 있다는 거죠. 또 그들이 교육을 통해 자신이 가져야 할 원래 권리가 무엇인지 알고, 조혼을 거부하며, 제대로 된 성교육을 받을 수 있어야 한다고 주장합니다. 건강한 삶과 가족을 꾸리는 것이 무엇보다 중요하다는 거지요. 그리고 이를 통해서만 우간다와 아프리카 그리고 가난한 나라에서 일어나는 삼림 파괴를 막을 수 있다고 주장합니다. 풀과 나무를 불살라 농지를 만드는 화전 농업, 무분별한 벌채 등 삼림 파괴는 이들 나라뿐 아니라 인류 전체의 손해이기도 합니다.

나카테는 또 유럽과 미국 등 선진국에 기후 위기를 좀 더 분명하게 책임지라고 이야기합니다. 모든 자료는 기후 위기에 역사적으로 책임이 있는 국가가 어디인지를 분명히 밝히고 있는데, 바로 유럽과 미국 같은 선진국이라는 거지요. 그래서 선진국들이 자기 나라의 이산화탄소 배출을 줄이고 기후 위기의 영향으로부터 자기 국민을 보호하기 위해서만 돈을 써서는 안 된다고 주장합니다.

기후 위기에 별다른 책임이 없는 가난한 나라는 선진국 때문에 일어난 기후 위기로 고통받고 있습니다. 하지만 이 위기를 극복하기 위해 필요한 자금이 없죠. 왜냐하면 선진국들이 제국주의 시절 가난한 나라를 수탈했기 때문입니다. 기후 위기에 책임이 있는 선진국들은 가난한 나라가 기후 위기를 극복하는 데 필요한 재정을 지원해야 하며, 이는 배려가 아니라 의무라고 나카테는 말합니다.

　나카테는 화석 연료 회사도 그들이 초래한 손실과 피해를 배상해야 한다고 강조합니다. 그들이 이산화탄소를 배출함으로써 인류의 생존을 위협할 수 있는 제품을 판매하고 수십억 달러의 수익을 올렸다는 거지요. 수십 년 동안 그들은 기후 행동을 막기 위해 막대한 자금을 써서 정치권을 포섭하고, 사람들에게 기후 위기가 심각한 것이 아니라고 거짓 뉴스를 퍼뜨렸습니다. 기업이건 정부건 자신의 이익을 위해 인류의 생명을 희생하기로 결정한 자들은 대가를 치러야 한다고 나카테는 날카롭게 이야기합니다. 이를 위해 나카테는 2022년 11월 영국 에든버러에서 열린 제27차 UN 기후변화협약 당사국총회에 참석했습니다. 이 총회에서 주요한 쟁점은 기후 변화로 고통을 겪고 있는 개발

🌳 **지식 더하기**　　　　　　　　　　　⊗ ⊖ ⊗

화석 연료 회사

화석 연료인 석유, 석탄, 천연가스를 채굴하는 회사만 이야기하지 않습니다. 그와 같은 화석 연료를 사용해 제품을 만들면서 이산화탄소를 배출하는 제철 산업, 자동차 산업, 석유화학 산업, 시멘트 산업 등도 모두 화석 연료 회사에 들어갑니다.

도상국에 대한 '손실과 피해' 보상 문제였습니다.

어떤가요? 우리가 생각했던 기후 위기의 피해는 해수면이 높아지는 것, 여름이 길어지고 홍수나 태풍, 가뭄 등이 이전보다 더 많아지는 것 정도입니다. 사실 지금 기후 위기가 우리에게 아주 커다란 위험이 된다고 느끼진 못합니다. 왜냐하면 우리에겐 홍수나 가뭄에 대처할 여유가 있기 때문이죠.

하지만 정작 기후 위기에 대해 별 책임이 없는 가난한 나라는 홍수나 가뭄이 닥치면 어쩔 도리가 없습니다. 더구나 아프리

제27차 UN 기후변화협약 당사국총회에 참석한 나카테(왼쪽)

카와 아시아, 라틴아메리카의 많은 나라들이 가난한 이유 중 하나는 유럽의 선진국들이 지난날 식민지로 삼았기 때문인데 말이죠. 이렇게 부자 나라와 가난한 나라 사이에 기후 위기의 불평등이 존재한다는 걸 보여 주었다는 점에서 나카테의 말과 행동은 우리에게도 상당히 중요합니다. 나카테가 자신의 SNS에 올린 글로 이야기를 마치기로 하죠.

"환경 파괴는 자본주의의 직접적인 결과이다."

누가 이산화탄소를 내놓는가

기후 위기는 인간 활동에 의해서 발생했지만 모든 사람이 같은 정도의 책임을 지지는 않습니다. 이를 기후 위기의 불평등이라고 합니다.

첫 번째 불평등은 국가별 차이입니다. 미국과 서유럽, 일본과 중국, 우리나라 등 소위 선진국이 전체 온실가스의 80퍼센트가량에 대해 책임이 있습니다. 반면에 아프리카 대륙의 책임은 불과 5퍼센트밖에 되질 않습니다.

두 번째 불평등은 소득별 차이입니다. 가난한 사람들은 이산화탄소 배출에 책임이 적고, 부자는 많습니다. 전 세계 소득 상위 10퍼센트의 사람이 온실가스의 절반을 배출하는 반면, 소득 하위 50퍼센트의 사람은 온실가스 배출 책임이 30퍼센트도 되지 않습니다. 가령 1년에 두세 번 비행기로 해외 여행을 가는 사람은 아프리카의 가난한 사람이 평생 배출하는 온실가스를 불과 1년 안에 내놓습니다.

세 번째 불평등은 산업 부문에 존재합니다. 대기업은 산업 부문 온실가스 배출의 70퍼센트가량에 책임이 있으며, 중소기업은 전체 산업 부문의 30퍼센트뿐입니다. 특히 우리나라 상위 30개 회사가 내놓는 온실가스가 우리나라 전체 배출량의 30퍼센트가량을 차지합니다.

10

다큐멘터리에서

동물 복지

환경운동으로

1926~

데 이 비 드

애 튼 버 러

데이비드 애튼버러

David Attenborough

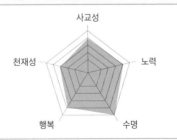

얼룩말은 초원에
있어야 해!

프로필		대표 이력
출생·사망	1926년~	BBC 프로듀서 및 제작 총괄
국적	영국	왕립자연보호학회 회장
직업	방송인, 동물학자, 환경운동가	자연 다큐멘터리 〈와일드 라이프〉,
특이사항	자연 다큐의 상징	〈살아있는 지구〉, 〈우리의 지구〉 등 제작
	1985년 기사 작위 수여	

연관 검색어

BBC 자연 다큐멘터리

다큐멘터리 해설

동물원

동물권

재미로 보는 인물 그래프

사교성

천재성

노력

행복

수명

북극해의 얼음 위에서 물개를 사냥하는 북극곰, 안데스산맥을 내려다보며 활공하는 콘도르, 크리스마스섬의 도로를 뒤덮은 수억 마리의 홍게, 툰드라의 여름을 수놓는 야생화, 열대우림의 비밀스러운 광경. 직접 가볼 수 없는 지구 곳곳의 자연을 영상에 담아내는 자연 다큐멘터리를 좋아하는 사람들은 예상외로 많습니다. 이런 자연 다큐멘터리를 잘 만드는 곳으로는 영국 공영방송인 BBC가 손꼽힙니다. 그리고 BBC의 다큐멘터리에 어김없이 등장하는 인물이 있습니다. 데이비드 애튼버러입니다. 직접 출연하기도 하고 해설만 담당하기도 하는데, 다큐멘터리를 좋아하는 이들은 그 목소리만으로도 누군지 바로 알곤 합니다.

애튼버러는 어린 시절 거의 매일 자전거를 타고 채석장까지 22킬로미터 정도 되는 거리를 달렸습니다. 그냥 달리기만 한 게 아닙니다. 중간중간 자전거에서 내려 잠자리도 보고, 풀뱀도 잡았죠. 개울가에선 도롱뇽과 올챙이를 찾아보기도 했고요. 길가의 풀밭, 시내, 작은 숲 모두 애튼버러의 기억 속에 또렷하게 새겨졌습니다. 이런 어린 시절의 경험이 그를 자연 다큐멘터리의 길로 이끌었어요.

자연 다큐멘터리의 전설

애튼버러는 영국 공영방송인 BBC의 자연 다큐멘터리를 세계 최고 수준으로 만든 주역입니다. 1926년에 태어난 그는 2023년 97세로 나이가 많지만 아직 현역으로 활발한 활동을 하고 있습니다. 그가 처음 BBC에 입사한 것은 제2차 세계대전이 끝난 직후였습니다. 대학에서 생물학을 전공한 애튼버러는 제2차 세계대전 기간 동안 군대에 있다가 제대 후 바로 BBC에 입사했습니다.

BBC 근무 초기 그는 자연사 다큐멘터리를 기획하는 프로듀서였습니다. 그러다 〈동물원 탐사^{Zoo Quest}〉라는 프로그램을 만들었는데 마침 출연하기로 한 런던동물원의 큐레이터가 병에 걸리는 바람에 대신 출연하게 되었습니다. 속삭이는 듯한 그의 설명은 사람들에게 큰 호응을 받았지요. 그때부터 그는 다큐멘터리를 직접 기획하면서 해설을 도맡기 시작했습니다.

그가 기획하고 직접 출연한 BBC의 자연 다큐멘터리 〈와일드 라이프^{Wildlife}〉시리즈는 큰 성공을 거두었습니다. 1977년 처음 방송된 이 시리즈는 2005년까지 무려 28년 동안 총 253편을 방영할 정도로 인기를 누렸습니다. 동시에 애튼버러는 영국뿐만이 아니라 전 세계적으로 유명한 자연 다큐멘터리의 상징이 되었습니다.

그리고 또 하나 대표적인 다큐멘터리 시리즈로는 〈살아있

자연 다큐멘터리

지구의 생태를 소개하는 다큐멘터리를 말합니다. 우리나라에서 제작한 것으로는 〈북극의 눈물〉, 〈종묘의 너구리〉, 〈생명, 40억년의 비밀〉, 〈지독한 끌림〉, 〈DMZ 사계〉, 〈녹색 동물〉 등이 있습니다.

는 지구^{The Living Planet}〉가 있습니다. 1984년부터 방영된 이 시리즈는 총 12편으로 제작되었는데 만년설로 덮인 고산지대, 냉대 침엽수림, 열대우림, 사바나, 사막, 해안, 화산섬 등 지구 곳곳의 다양한 생태계와 그곳에서 살아가는 생명을 보여 주는 수작이었습니다. 이 시리즈의 후속 〈생명의 시련^{The Trials of Life}〉 또한 극찬을 받았습니다. 동물의 성장, 사냥, 가족, 투쟁 등 다양한 삶의 모습을 담고 있는 이 시리즈는 1990년에 방영되었습니다.

애튼버러는 항상 이야기합니다. 다큐멘터리에는 자신의 목소리와 얼굴이 나오지만 진짜 주인공은 따로 있다고요. 장면 하나를 찍기 위해 열흘 동안 무더운 열대우림 속에서 꼼짝도 하지 않고 기다린 카메라맨, 북극의 빙상 위로 장비를 운반한 스태프, 더 좋은 화면을 만들기 위해 새로운 기자재를 손수 만든 제작진. 이들이 아니라면 다큐멘터리 제작은 불가능하다고 말하죠. 다른 일도 그렇지만 모든 사람의 노력과 협업으로 새로운 성과가 만들어진다는 말입니다.

21세기의 애튼버러

1950년부터 약 50년 동안 20세기 후반부의 자연 다큐멘터리는 애튼버러를 빼놓고는 이야기할 수 없을 정도입니다. BBC에서 만들어진 다큐멘터리는 전 세계로 팔렸고, 우리나라의 다양한 방송국에서 현재도 방영되고 있습니다. 많은 사람이 다큐멘터리를 보고 지구에 대해, 지구의 다양한 생명체에 대해 그리고 이들과 어우러져 살아가는 우리 인간에 대해 새로운 시각을 가지게 되었습니다.

하지만 자연 다큐멘터리에 대한 아픈 지적도 있습니다. 우리가 보는 아름다운 초원 바로 옆에는 인간이 만든 도로와 철도로 원래의 서식지를 잃은 생물들이 있습니다. 또 장엄한 열대우림을 보며 감탄하는 동안 일부러 불을 놓아 숲을 태우고 그곳에 집을 짓거나 밭을 만드는 일들이 일어나고 있습니다.

20세기 내내 다큐멘터리가 보여 주는 자연은 아름다운 지구라는 진실의 한 면일 뿐, 인간에 의해 파괴되고 멸종되는 모습은 외면하고 있다는 비판입니다. 더구나 이런 자연 파괴는 시간이 지날수록 잦아드는 것이 아니라 더 커지고 빨라지고 있습니다.

물론 이런 비판에서 애튼버러 역시 자유로울 수 없습니다. 애튼버러가 20세기 내내 자연 다큐멘터리를 만들면서 고민했던 부분은 명백합니다. 자연의 신비를 시청자의 눈앞으로 끌어내고,

영국 런던 외곽의 애튼버러 벽화

인간이 생명에 대한 경외와 존중을 가지게 되는 것이 목적이었습니다. 하지만 인간에 의해 자연이 파괴되는 현장을 외면하는 영상은 사실의 일부만을 보여 줌으로써 전체를 왜곡하는 문제가 있는 것도 사실입니다.

그래서일까요? 애튼버러는 21세기 들어 자신이 기획하고 출연하는 다큐멘터리에서 이전과 다른 모습을 보였습니다. 인간에 의한 환경 파괴에 이전보다 훨씬 많은 시간을 할애한 것입니

데이비드 애튼버러

다. 2000년 방영된 〈행성의 상태^{State of the Planet}〉는 최신의 과학적 증거와 과학자, 환경보호 운동가들과의 인터뷰를 통해 인간의 활동이 자연에 미치는 파괴적 영향을 보여 주었습니다.

특히 2019년에 발표한 넷플릭스의 다큐멘터리 〈우리의 지구^{Our Planet}〉 시리즈에서는 방송 내내 인간의 여러 활동이 어떻게 자연을 파괴하는지를 보여 주었습니다. 다른 작품들도 마찬가지입니다. 기후 위기를 다룬 〈기후변화^{Climate Change}〉, 생물 다양성 감소에 대한 〈멸종^{Extinction}〉 등 환경 파괴와 생태계 위기, 기후 위기에 대한 다큐멘터리를 만들었습니다.

이런 공로로 애튼버러는 2022년 UN 환경계획으로부터 '자연 보호와 복원을 위한 연구, 문서화 및 옹호에 대한 헌신'을 인정받아 지구 챔피언상을 받게 되었습니다. 지구 챔피언상은 UN이 수여하는 환경 분야 최고의 영예입니다.

동물원과 동물권 이야기

처음 다큐멘터리를 만들 때 애튼버러는 제3세계의 동물을 잡아다가 런던의 동물원에 제공하는 일을 하기도 했습니다. 지금으로선 상상하기 어려운 일입니다. 1954년 그는 BBC 다큐멘터리 시리즈인 〈동물원 탐사〉를 기획했습니다. 런던동물원과의 협업이었죠. 당시 자연 다큐멘터리는 동물원에 사는 동물을 찍

1835년 런던동물원의 모습

는 것이 많았습니다. 애튼버러는 그 대신 자연 환경의 동물을 촬영하고, 가능한 한 그 동물을 데리고 오는 기획을 제안했습니다.

실제 야생의 동물을 촬영한 이 다큐멘터리는 기존의 동물원 다큐멘터리와는 완전히 다른 생생한 모습을 담았고, 엄청난 성공을 거두었습니다. 애튼버러는 이 다큐멘터리 시리즈를 통해 자연 다큐멘터리 기획자로서 탄탄한 입지를 다지게 되었죠. 그는 인도네시아에 가서 다큐멘터리를 찍으면서 인도 비단뱀이며 오랑우탄, 말레이곰 등을 잡아 런던동물원에 제공했습니다.

나중에 애튼버러는 회고록에서 그 일에 대해 이렇게 말했습니다. "요즘 동물원에서는 동물 수집가를 파견하지 않습니다.

자연은 그 장소에 그대로 있어야 합니다. 하지만 당시에는 다른 동물원에 없는 야생종을 가지길 원하는 열망이 여전했습니다." 지금은 생각도 할 수 없는 일이지만 그때는 그게 당연시되었다는 일종의 변명이지요. 실제로 현재 런던동물원은 멸종 위기에 처해 사육 프로그램이 유일한 희망인 경우에만 야생동물을 포획합니다.

하지만 동물원 자체에 대한 문제 제기는 현재에도 계속 이어지고 있습니다. 먼저 동물원은 아무리 잘해도 야생에서 사는 것보다는 제약이 많습니다. 동물원의 동물들은 쉬어야 할 시간에 사람들과 만나면서 스트레스를 받고 원래의 습성을 억제하며 살 수밖에 없지요. 더구나 많은 동물원이 적절한 서식 환경을 제공하지 못합니다. 호랑이나 사자, 곰, 얼룩말 같은 동물은 서식 범위가 굉장히 넓습니다. 축구장의 408배쯤 되는 면적이 평소 오가는 거리지요. 그런 동물들을 마음껏 달리기도 힘든 좁은 곳에 두면 스트레스를 받지 않을 수가 없습니다.

이러한 조건 때문에 2017년 전주동물원의 벵갈호랑이가 어린 나이에 폐사했고, 2018년에는 서울대공원의 아시아코끼리가 갑작스레 죽음을 맞았으며, 같은 해 대전 오월드동물원에서는 퓨마가 탈출해 사살되었습니다.

물론 동물원도 계속 변하고 있습니다. 복지 환경을 개선해

동물들이 편안하게 있을 수 있도록 여러모로 돕고 있지요. 미국 샌프란시스코동물원의 경우 동물 체험 또한 이전과 다른 방식으로 진행합니다. 살아 있는 거북을 만지게 하는 게 아니라 죽은 거북의 등딱지를 만지게 합니다. 양의 경우도 실제 양이 아니라 양털을 수북하게 모아 놓고 만져 보게 하는 식이죠. 쇠창살도 점점 없어지고 있습니다. 최대한 원래 살던 곳과 비슷한 환경을 만듭니다.

동물원은 도시의 아이들이 동물과 교감을 나눌 수 있는 교육적 공간이기도 합니다. 특히 소득이 낮은 가정의 아이들은 동물과 교감할 여건을 제대로 갖추지 못한 경우가 많습니다. 동물원은 이들이 동물과 만날 수 있는 거의 유일한 공간이기도 합니다. 거기다 동물원에 있는 동물들은 야생성이 많이 사라져 다시 야생에 내보내도 제대로 적응할 수 없는 경우가 대부분입니다.

그렇다고 '감금'과 '전시'라는 동물원의 본질이 사라지는 것은 아닙니다. 특히 이미 야생으로 돌아갈 수 없는 동물들이 아니라 구색을 갖추기 위해 야생동물을 포획해서 동물원에 가두어 놓는 것은 동물권을 생각하면 할 수 없는 일이지요.

데이비드 애튼버러

인간이 너무 많다?

데이비드 애튼버러는 2013년 한 영국 언론과의 인터뷰에서 논란이 될 만한 발언을 했습니다. 기아에 시달리는 에티오피아에 식량을 지원하는 것에 반대한다는 이야기였습니다. 그리고 세계 인구를 이야기할 때 가장 중요한 지역은 인구 증가율이 높은 아프리카와 아시아라고도 했죠.

물론 이는 엄청난 비판을 받았습니다. 환경 오염과 기후 위기를 이야기할 때 "인간이 너무 많은 게 문제야"라고 농담처럼 하는 말을 애튼버러는 진지하게 한 것이죠. 실제로 그는 파퓰레이션 매터스라는 영국에서 설립된 환경 단체의 후원자입니다. 이 단체는 인구 증가가 환경 악화, 생물 다양성 파괴, 자원 고갈 등의 주요 원인이라고 봅니다. 지속 가능한 인구를 위해 자녀를 둘 이상 낳지 말자고 홍보하죠. 애튼버러 말고도 제인 구달을 비롯해 유럽과 미국의 저명한 인사들과 생물학자들도 후원자입니다.

현재 80억 명인 세계 인구는 2050년에 97억 명을 넘을 것으로 보입니다. 인류는 생태계에서 최상위 포식자입니다. 포유류에서 가장 개체수가 많은 종 중 하나죠. 생태계의 관점에서 보면 문제가 심각합니다. 포식자가 이렇게 많으면 먹이가 되는 동물을 너무 많이 먹어 생태계가 파괴되니까요.

그렇다고 강제로 인구를 조절할 수도 없습니다. 파퓰레이션 매터스도

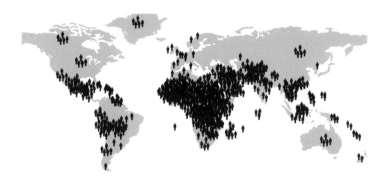

2050년 세계 인구 증가를 예상한 지도

강제로 인구를 줄이는 것이 아니라 각 가정이 자발적으로 두 명 이하의 자녀를 낳자는 캠페인을 벌이는 것이고요. 애튼버러의 말처럼 실제 인구 증가가 폭발적으로 일어나는 곳은 선진국이 아닙니다. 선진국은 오히려 인구 증가가 완만하거나 우리나라처럼 줄어들고 있습니다. 아프리카와 아시아의 가난한 나라들이 주로 인구 증가가 가파릅니다.

하지만 이들 나라의 기아 문제가 인구 증가 때문은 아닙니다. 기후 위기와 내전, 삼림 황폐화 등 다양한 요인으로 식량 위기가 닥친 것이지요. 따라서 기아 문제를 같은 선에서 볼 수는 없습니다. 에티오피아의 식량 지원을 반대한 애튼버러에 대한 비판도 바로 이런 측면에서 이루어졌고요. 당장에 눈앞에 닥친 기아 문제는 그것대로 해결해야 하는 것이지요.

11

누구를 위해

환경과 빈민

댐을 짓는가

1971~2016

베르타
카세레스

베르타 카세레스

Berta Cáceres

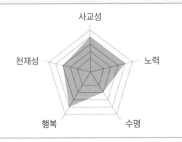

댐 건설을
막아 봅시다!

프로필

출생·사망	1971년~2016년
국적	온두라스
직업	환경운동가, 인권운동가
특이사항	댐 건설업자로부터 암살당함

대표 이력

온두라스 민중과 선주민 회의 공동 설립

댐 건설 반대 운동

2015년 골드만 환경상 수상

연관 검색어

선주민 인권운동

댐 건설의 피해

환경과 여성

재미로 보는 인물 그래프

사교성

천재성

노력

행복

수명

탕. 탕. 탕. 2016년 3월 3일 새벽 1시, 중앙아메리카 온두라스 서부의 한 주택에서 총성이 울렸습니다. 온두라스의 환경운동가 베르타 카세레스가 45세 생일을 하루 앞두고 두 명의 괴한으로부터 총격을 당한 것이죠. 그를 죽이라고 시킨 사람은 로베르토 다비드 카스티요, 괄카르강에 댐을 만들려 하던 기업 데사DESA의 대표였습니다. 댐 건설 반대 운동의 대표 격이었던 베르타 카세레스를 눈엣가시처럼 여기던 차에 상황이 더 심각해지자 그를 암살한 것입니다.

살해당한 사람은 카세레스만이 아니었어요. 카세레스가 사망한 그달에 두 명의 댐 건설 반대 활동가가 더 살해되었습니다. 카세레스는 바로 그 전해인 2015년에 세계 최고 권위의 환경상 중 하나인 골드만 환경상을 수상했습니다. 수상 이유는 바로 댐 반대 운동을 통해 댐 건설에 참여하던 다른 기업들이 철수하도록 만들었기 때문이었습니다.

여성과 소수자를 위한 목소리
카세레스의 어머니는 지역 여성들의 분만을 돕는 조산사이면서 이웃 나라인 엘살바도르에서 온 난민을 돌보는 사회운동가이기도 했습니다. 어머니의 영향으로 카세레스는 학생이었을 때부터 선주민의 인권을 위한 운동에 뛰어들었습니다. 1993년에는 '온두라스 민중과 선주민 회의'를 공동으로 설립하기도 했지요. 하지만 카세레스의 시선은 단지 선주민에게만 머물지 않았습니다. 그는 온두라스에서 고통받고 소외받던 여성 문제, 성소수자 문제 등 다양한 영역에서 20여 년 동안 목소리를 내고 활동을 이어 나갔습니다.

그러던 2006년 렌카 선주민들이 카세레스에게 최근 건설 장비들이 열대우림의 한 지역에 많이 모이고 있다며 조사를 요청했습니다. 카세레스는 조사를 통해 괄카르케강에 네 개의 댐을 만들 계획이 있다는 것을 확인했습니다. 중국과 유럽 등 전세계의 댐 건설 기업들이 합작 투자 프로젝트를 통해 온두라스에 댐을 건설하려고 했던 것이죠. 그냥 두고 볼 수는 없는 일이었습니다. 카세레스는 지역 주민과 함께 항의 캠페인을 벌이기 시작했습니다. 댐 건설업자들이 사전에 지역 주민과 협의를 거

🌿 **지식 더하기** ⊗ ⊖ ⊙

선주민
특정 지역에 원래 살고 있던 사람을 뜻하는 원주민 대신 선주민이란 단어를 요사이 많이 씁니다. 원주민들도 다른 곳에서 이주한 집단인 경우가 많고, 또 원주민이란 단어 용법에 '미개하다'는 의미를 담고 있는 경우가 많아 현재의 이주민보다 먼저 살고 있었다는 의미의 선주민을 선호하는 것이죠.

치지 않은 것은 국제법에도 위배되는 일이었기 때문에 이를 미주인권위원회에 알리고 조치를 취할 것을 요구했습니다.

하지만 이와 상관없이 개발업자들이 댐 건설을 계속하려 하자 2013년부터는 지역 주민들과 함께 댐 건설 현장으로 통하는 길목을 막고 시위를 벌이기 시작했습니다. 정부는 댐을 건설하려는 이들의 편에 서서 카세레스와 시위대를 위협했고, 건설 회사도 전직 군인들을 고용해서 이들에게 협박을 가했습니다. 결국 온두라스 군대가 시위대에 총을 쏴서 1명이 죽고 여러 명이 다치는 사태가 벌어지고야 말았지요. 회사도 회사대로 주민들과 활동가들에게 위협을 가했고, 2014년에 2명이 죽고 3명이 중상을 입는 지경에 이르렀습니다.

군과 회사에 의한 위협은 특히 시위를 주도하는 지도부를 향했지요. 카세레스는 자신이 죽을 수도 있다고 생각했습니다. 그는 이렇게 말했습니다. "군대에는 18명의 수배 명단이 있는데, 내 이름이 맨 위에 있습니다. 살고 싶습니다. 하지만 존엄한 삶을 위해 싸우는 것을 포기할 생각은 한 번도 해본 적이 없어요. 그들이 나를 죽이고 싶을 때 그들은 나를 죽일 것입니다." 또 이렇게도 말했습니다. "우리가 그들을 두려워하지 않기 때문에 그들이 우리를 두려워합니다."

결국 카세레스는 2016년에 우려한 대로 암살당하고 말았습니다. 누가 그를 죽이게 시켰는지는 아주 명확했지만 댐 건설 회사의 대표가 실제로 판결을 받은 건 그로부터 6년이 지난 2022년이 되어서였습니다. 거대 기업의 편이었던 온두라스 정부는 사건을 질질 끌며 어떻게든 대충 넘어가려고 했지요. 그러나 시간이 갈수록 전 세계의 항의와 비판이 거세지자 어쩔 수 없이 징역 22년의 판결을 내렸습니다. 현재 카세레스의 딸 베르타 주니가 카세레스가 어머니의 뜻을 이어 온두라스 민중과 선주민 회의에서 계속 활동하고 있습니다.

바나나 공화국, 온두라스

온두라스는 가난한 나라입니다. 중앙아메리카의 많은 나라들이 가난하지만 온두라스는 그중에서도 특히나 가난한 나라입니다. 인구는 1,000만 명 정도 되는데 대부분 농사를 지으며 살고, 수출품도 커피, 바나나, 목재와 면화가 대부분이죠. 1인당 소득은 한 달에 약 600달러, 우리 돈으로 72만 원 정도밖에 되질 않아요. 2016년 기준으로 전 인구의 66퍼센트 이상이 빈곤선 이하의 생활을 하고 있습니다.

더구나 온두라스의 소득 불평등 수준은 라틴아메리카의 다른 나라보다 높습니다. 다른 나라들은 대부분 불평등이 줄어드는 와중에도 온두라스는 불평등 지수가 계속 높아지고 있습니다.

온두라스 테구시갈파의 빈민촌

가난한 사람들은 다른 나라보다 더 가난하고, 부자들은 더 부자인 것이죠. 빈곤 계층 대부분은 농촌의 농민과 선주민들입니다. 이들은 자신들이 직접 만든 흙벽돌로 집을 짓고 삽니다. 음식과 옷도 부족하고 의료 혜택도 제대로 받지 못한 채로 살고 있습니다. 이렇게 가난하면서 동시에 불평등한 온두라스의 현실은 카세레스의 삶과 죽음에 모두 큰 영향을 끼쳤습니다.

온두라스는 왜 이렇게 가난하고 불평등한 나라가 되었을까요? 온두라스는 멕시코 아래 북아메리카와 남아메리카를 잇는 가느다란 띠 모양의 중앙아메리카에 있습니다. 일찍이 아메리카 선주민에 의한 문명이 꽃피던 땅이었죠. 서쪽 끝에는 수백 년 동안 마야 문명이 번성했고, 내륙의 고지대에는 **렌카족**이 자리 잡고 있었습니다. 그 외에도 온두라스 곳곳에 선주민들이 만든 문명의 흔적이 남아 있습니다. 하지만 16세기 스페인의 식민지가 되면서 상황이 바뀌었습니다. 콜럼버스는 네 번째 항해에서 온두라스에 상륙했습니다. 온두라스에 처음 상륙한 유럽인이지요. 이후 스페인은 온두라스의 선주민들을 정복하고 자신들의 식민지로 삼았습니다.

스페인은 온두라스에서 은을 캐서 가져가는 데 집중했습니다. 초기에는 선주민을 동원해서 은을 캤지만 곧 한계에 봉착했습니다. 스페인에서 들어온 전염병으로 선주민 인구가 삽시간에 줄어들었기 때문이죠. 거기다 온두라스 곳곳에서 선주민들이 스페인의 식민지 지배에 저항하기 시작했습니다. 스페인은 아메리카 대륙의 다른 곳에서 노예를 데려와 일을 시켰고, 그마저도 힘들어지자 아프리카인들을 노예로 데려와 일을 시켰습니다.

그렇게 스페인 지배 아래서 300년 정도가 지난 뒤 온두라

🌿 지식 더하기   ⊗ ⊖ ◔

렌카족
중앙아메리카의 온두라스와 엘살바도르 북부의 고지대에 사는 선주민입니다. 문화적으로는 멕시코의 북쪽 마야족과 남쪽 쿠나족 등 중앙아메리카 주변 종족의 영향을 많이 받았습니다. 토지는 마을 공동 소유이며 가족 단위로 배분받아 경작합니다.

스는 독립하게 되었습니다. 1821년이었죠. 하지만 독립한 온두라스는 계속 시련을 겪을 수밖에 없었습니다. 20세기가 되기 전, 거의 100년에 가까운 시기 동안 300건이 넘는 반란과 내전이 일어났습니다. 20세기에도 온두라스 국민들은 힘겨운 삶을 계속 살아야 했습니다. 정치는 계속 불안해서 군부에 의한 쿠데타와 독재가 여러 번 일어났습니다.

이런 가운데 19세기 후반부터는 미국의 자본이 침투하기 시작합니다. 이들은 온두라스의 북부 지방에 대규모 바나나 농장을 지었고, 수천 명의 온두라스 사람들이 여기에서 일하기 시작했습니다. 온두라스를 바나나 공화국이라고 지칭할 정도로 바나나 산업은 온두라스에서 중요해졌고, 미국의 간섭은 더 심해졌습니다. 바나나 산업으로 번 돈은 미국으로 빠져나가고 온두라스에 남는 건 고용된 노동자들이 받는 아주 적은 임금에 불과했습니다.

온두라스는 범죄율도 높은 나라입니다. 온두라스의 살인율은 이웃 엘살바도르와 함께 세계 1위, 2위를 다툽니다. 인구 10만 명당 살인 희생자 수가 우리나라의 200배에 달합니다. 한편으로 정치가 혼란한 것도 이유지만 온전히 온두라스만의 문제는 아닙니다. 온두라스와 이웃 나라 엘살바도르, 과테말라도 모두 범죄율과 살인율이 높은 나라입니다. 이들 세 나라는 남아메리카와 북아메리카를 잇는 중앙아메리카에 있지요. 남아메리카에서 생산된 마약이 통과하는 길목입니다. 이 길목을 차지하기 위한 범죄 조직의 폭력이 이들 나라의 치안을 불안하게 하고 있습니다. 거기다 일자리마저 부족해 많은 젊은이들이 쉽게 범죄 조직에 가담하게 됩니다.

　이런 범죄의 피해자는 대부분 가난한 사람들입니다. 그중에 온두라스 선주민이 있습니다. 그리고 카세레스의 출신인 렌카족은 대부분 스페인 침략 이전부터 살던 선주민으로, 이들 선주민은 온두라스 전체의 7퍼센트 정도입니다. 온두라스 인구 대부분은 스페인인과 선주민의 혼혈인 **메스티소**로 전체의 90퍼센트를 차지하고 있지만 이 분류는 엄격하지 않습니다. 대부분의 온두라스인은 어떻게든 선주민의 유전자와 스페인인의 유전자가 섞여 있습니다. 외모로도 잘 구분되지 않는 경우가 대부분이지요. 결국 어느 집단에서 살아가고 있는가가 먼저이고, 그다음은 자

♠ 지식 더하기   ⊗ ⊖ ⊗

메스티소

유럽인과 아메리카 선주민 사이의 혼혈인을 가리킵니다. 유럽인과 아프리카인 사이의 혼혈인은 물라토라고 하고요. 하지만 물라토의 경우 인종차별적 표현이라 여겨 현재는 잘 사용하지 않습니다. 그 대신 스스로 자신의 정체성을 백인이라고 여기면 백인, 흑인이라고 여기면 흑인이라 말하며 모두 이를 존중합니다.

신이 누구의 후손이라고 생각하느냐 하는 정체성의 문제죠. 스스로 선주민이라고 생각하는 집단과 개인은 대부분 가난과 범죄의 피해자가 됩니다. 카세레스가 스스로 선주민이라고 생각하고 선주민들의 인권을 위해 싸운 이유입니다.

온두라스에서는 남녀 차별 또한 심각한 상황입니다. 남성의 평균 1인당 국민총소득GNI은 1년에 6,000달러가 조금 넘는데 여성의 경우에는 2,600달러에 불과합니다. 남성의 절반도 되지 않지요. UN 개발계획은 온두라스의 여성 지위가 116위라고 평가했을 정도입니다. 카세레스가 여성 문제에도 관심을 가질 수밖에 없었던 이유죠.

댐을 반대하는 이유

댐을 건설하는 이유는 전력을 얻기 위해서입니다. 수력발전용 댐은 처음 건설할 때는 많은 비용이 들지만 한번 건설하고 나면 유지 비용이 아주 쌉니다. 연료를 따로 들이지 않아도 되기 때문입니다. 반면에 화력발전소는 초기 건설 비용은 낮지만 석탄이나 석유, 천연가스를 계속 사야 해서 유지 비용이 비쌉니다.

경제가 발전하면 인구가 늘고 공장이나 건물도 늘어나게 됩니다. 자연스레 전력 소모량이 커지죠. 그러나 중남미의 정부는 예산이 부족해서 발전소를 짓고 유지하는 비용을 부담하기 어렵습니다. 그러니 이런 발전소 건설과 유지를 민간 회사에게 맡기게 됩니다. 민간 전력 회사에게는 초기 비용이 들더라도 유지 비용이 싼 댐 건설을 통해 전력을 공급하는 것이 더 많은 이익이 되지요. 그러나 이런 나라의 민간 회사들은 자금력도 부족하고 기술도 부족해서 보통 선진국의 건설 회사와 합작으로 사업을 추진하곤 합니다.

댐 건설로 이익을 얻는 것은 전력 회사와 그 전력을 공급받는 도시의 공장주, 건물주 들입니다. 그리고 피해를 보는 것은 댐이 만들어지는 곳의 사람들과 생태계입니다. 댐은 보통 물이 떨어지는 높이의 차이가 큰 지역에 건설되는데, 이런 곳은 대부분 도시에서 멀리 떨어진 농촌이거나 열대우림 지역입니다. 아주 외진 곳이죠. 이런 곳에 댐을 지으려면 먼저 댐을 짓기로 한 곳까지 길을 내야 합니다. 또 댐에서 만든 전기를 공급할 송전선도 건설해야 합니다. 이 과정에서 댐에서 도시까지의 열대우림이 파괴됩니다. 댐 건설 현장도 마찬가지로 대부분 열대우림인데 이곳 또한 무차별 벌채가 일어납니다.

댐을 건설할 때만 환경이 파괴되는 것이 아닙니다. 댐이 지어지면 댐 위쪽은 인공적인 호수가 되어 물에 잠깁니다. 우리나라도 소양강댐이나 팔당댐을 지을 때 그 위쪽 주변이 대규모로 물에 잠겼지요. 소양강호나 팔당호가 그때 생긴 호수입니다. 중

남미의 댐도 마찬가지입니다. 댐 위쪽으로 대규모 수몰 지역이 생기고 숲이 파괴됩니다. 그리고 그곳에는 오래전부터 터전을 잡고 살던 선주민들이 있죠. 선주민들은 제대로 된 보상을 받지 못한 채 쫓겨납니다.

또 댐이 물을 가두니 아래쪽은 물의 양이 줄어듭니다. 아래쪽에서 농사를 짓던 사람들은 피해를 보게 되고, 주변 생태계 또한 망가지게 됩니다. 그리고 강물에 살던 생물들도 피해를 입습니다. 상류와 하류로 넘나들며 이루어지던 생태계에 댐은 거대한 장벽이 되어 생물을 고립시키고 파괴합니다.

말리의 마난탈리댐

　　　　　　　　　　　　　　베르타 카세레스

실제로 말리의 마난탈리댐은 온두라스의 경우처럼 독재 정권에 의해 추진되었고, 유럽의 자금으로 지어졌습니다. 이 댐을 짓기 위해 1만 2,000명이 거주지를 옮겨야 했습니다. 또한 수인성 질병 발병률이 높아졌고 어업과 농업 생산량이 감소했습니다. 우리나라는 21세기 들어서는 새로 수력발전용 댐을 만들지 않고 있습니다. 전 세계적으로 선진국의 경우 새로 수력발전소를 짓지 않습니다.

선진국의 자본과 독재 정권 그리고 자국 기업의 욕망에 의해 지어지는 제3세계의 댐은 그곳 선주민의 삶과 생태계를 파괴합니다. 이런 댐을 막기 위해 목숨을 바친 카세레스를 기억하는 일은 제3세계의 가난한 이들을 기억하는 일이기도 합니다.

발전소는 어디에 지을까?

우리나라에는 화력발전소와 원자력발전소가 100여 곳 있습니다. 화력발전소의 절반 정도는 전력 소비가 많은 지역 주변에 주로 건설되어 그 지역에 전력을 공급합니다. 나머지는 주로 충청 지역에 있는데, 충청 지역 전력 소비량의 두 배 가까운 전기를 만듭니다. 원자력발전소는 주로 경상도 동해안 지역과 전라남도 남해안 지역에 있습니다. 이들이 생산한 전기는 전력 소비량이 가장 많은 수도권에 주로 공급됩니다.

원자력발전소 주변의 주민들은 방사능 위험에 노출되어 있고, 화력발전소 주변에 사는 주민들은 대기 오염에 시달립니다. 또 전력을 공급하기 위한 초고압 송전선이 남부와 충청 지역에서 수도권으로 이어집니다. 송전선이 통과하는 곳에 사는 주민들은 초고압 송전선에서 나오는 강력한 전자파에 시달리고, 그 위험에 노출됩니다.

수도권에는 왜 발전소를 짓지 않는 걸까요? 인구 밀집 지역인 수도권은 땅값이 비쌉니다. 또한 화력발전소나 원자력발전소는 대부분 주변 주민들의 반대에 부닥칩니다. 오염 시설이기 때문이죠. 결국 수도권에 필요한 전기를 수도권이 아닌 지역에서 만드는 것을 선택하게 됩니다. 위험은 발전소 부근의 주민들이 부담하게 되죠. 과연 제대로 된 해결 방법은 무엇일까요?

Q1.

그동안 환경책을 여러 권 써오셨는데요, 이번에는 색다르게 여러 인물의 삶을 빌려 환경 이야기를 풀어냈습니다. 특별히 이 책을 써야겠다고 마음먹은 계기가 있을까요?

그동안 저는 주로 통계를 바탕으로 환경을 이야기해 왔습니다. 통계가 보여 주는 객관적 사실을 통해 상황을 파악하는 콘텐츠가 부족하다고 생각했기 때문입니다. 하지만 항상 통계가 놓치는 부분이 있다는 점을 염두에 두고 있었지요. 통계로 1만 명의 사람이 있다고 할 때, 그 1만 명은 모두 저마다 고유한 사연을 가진 존재라는 것을 잊어서는 안 된다고 생각합니다. 마침 기회가 되어 그 1만 명 중 몇 명에 대해서라도 이야기하고 싶었습니다. 그리고 삶에 대해 이야기한다면 좀 더 입체적으로 다루고 싶었죠. 그 결과가 바로 이 책입니다.

Q2.

제인 구달, 레이철 카슨처럼 유명인부터 국내에는 잘 알려지지 않은 환경운동가까지 다양한 배경과 직업을 가진 인물을 소개한 점이 흥미롭습니다. 이렇게 고르신 이유가 있다면요?

이제까지 나온 책과 뉴스 등 다양한 콘텐츠에서 주로 유럽과 미국 같은 선진국의 활동가만을 다루는 데 불만이 있었습니다. 환경 문제를 이야기할 때 가장 중요한 것이 피해 당사자의 목소리를 듣는 것이라고 생각합니다. 열대우림이 불탈 때 그 열대우림을 생활 터전으로 삼은 이들의 목소리보다 진실에 가까운 것은 없으니까요. 사실 다양한 나라에서 활동하는 사람들의 이야기를 좀 더 담고 싶었지만 지면이 모자랐던 점이 아쉽다고나 할까요? 그리고 백인, 남성, 성인 위주의 이야기가 아니라 여성과 소수민족, 모든 연령을 아우르는 이야기를 전하고 싶었습니다.

Q3.

이 책은 지구를 위한 신념과 행동으로 똘똘 뭉친 인물들을 다루고 있습니다. 당장의 안녕과 풍요 대신 내일을 선택한 이들에게 뭔가 특별한 점이 있다면 무엇일까요?

어떤 이는 자신의 고향이 빠진 위기에 기후 위기의 심각성을 느껴 환경운동을 시작했고, 어떤 이는 자신의 신념을 지키기 위해서 행동했죠. 그중에는 이웃과 함께하는 삶이 가장 중요하다고 생각한 이도 있고, 자신의 학문적 성과에 책임을 져야 한다고 판단한 이도 있습니다. 확실한 것은 모두 자신이 옳다고 믿는 바에 물러섬이 없었다는 점입니다.

Q4.

시한부 판정을 받고도 책 쓰기를 멈추지 않은 레이첼 카슨, 목숨을 바쳐 댐 건설을 반대한 베르타 카세레스의 이야기를 읽으니 마음이 숙연해집니다. 여기에 덧붙이고 싶은 이야기가 있는지 궁금합니다.

레이첼 카슨과 베르타 카세레스처럼 대의를 위해 위험과 고통을 무릅쓴 이들은 물론 훌륭하지요. 하지만 저는 그들과 함께했던 이들에게도 여러분의 시선이 닿았으면 합니다. 레이첼 카슨과 베르타 카세레스도 뜻을 같이하고 도움을 준 이들이 없었다면 그만큼의 성과를 낼 순 없었을 테니까요. 책에 쓰인 인물들의 이야기 또한 그걸 전해 준 이가 없었다면 알 수 없었겠지요.

Q5.

책에도 나오다시피 매년 6월 5일은 세계 환경의 날입니다. 매년 4월 22일은 지구의 날이고요. 이날 말고도 우리가 지구를 위해 특별

저는 매일매일이 지구에 사는 우리에게 특별한 날이라고 생각합니다. 다만 각자 살아온 길과 겪은 일들에 따라 특별하게 기억하는 날이 있겠지요. 가령 저는 2022년 9월 24일을 기억합니다. 이날 시민 3만 명이 모여 서울 시청에서 광화문까지 기후정의행진을 벌였습니다. 기후 위기를 극복하고 정의를 실현하기 위해 체제를 바꾸자고 이야기했지요. 그리고 2023년 4월 14일 세종시 정부청사 앞에서 기후정의파업을 벌였습니다. '함께 살기 위해 사회적 파업을 시작하자'라는 뜻을 가지고요. 그동안 이날을 위해 열심히 준비했기에 여러모로 의미가 남달랐습니다. 여러분도 각자 환경을 위해 기억할 만한 날을 만들어 보면 어떨까요?

Q6.

이 책은 기후 불평등, 탈성장, 기본소득 등 다양한 관점에서 환경 문제를 들여다보고 있습니다. 환경 문제를 정치, 사회, 경제 분야에서 살펴보는 일은 왜 중요할까요?

흔히들 기후 위기를 인류 모두의 문제라고 이야기합니다. 이는 일면만 맞는 말입니다. 기후 위기의 책임은 불평등하니까요. 첫째, 아프리카 대륙의 나라 대부분처럼 가난한 나라는 기후 위기에 책임이 없습니다. 둘째, 한 나라 안에서도 기후 위기의 책임은 소득이 높은 사람과 대기업에 집중되어 있죠. 반면에 기후 위기의 피해는 주로 가난한 나라와 가난한 사람들에게 돌아갑니다. 셋째, 이런 기후 위기를 극복하는 과정에서 피해를 입는 사람 또한 가난한 경우가 많습니다. 다른 환경 문제도 마찬가지지요. 그래서 극복 과정에서 '정의'가 중요하고, 이를 위해 다양한 관점에서 환경 문제를 바라보는 과정이 필요합니다.

Q7.
기후 위기 시대를 살아갈 청소년 독자에게 한 말씀 부탁드립니다.

일회용품을 쓰지 않고 대중교통을 이용하는 것처럼 개인적 실천도 중요합니다. 하지만 가장 중요한 일은 목소리를 높이는 것입니다. 기후 위기의 극복은 정부와 기업 그리고 사회 전체가 변해야 가능하기 때문입니다. 그리고 이런 변화를 이루어 내려면 혼자가 아니라 다 같이 이야기해야 합니다. 시작은 버네사 나카테나 그레타 툰베리처럼 혼자일 수 있지만 뜻이 맞는 친구들과 함께 더 크게, 더 많이 사회에 이야기해야 합니다. 기후 위기 당사자로서 청소년에게는 충분히 그럴 권리가 있습니다.

중학교

3. 지역 간 불평등 해결을 위한 국제적 협력

과학1
III. 생물의 다양성

3. 생물 다양성의 보전

고등학교

협력과 대처

통합과학
VII. 생물 다양성과 유지

3. 생물 다양성과 보전

VII. 생태계와 환경

1. 생물과 환경
2. 생태계의 평형
4. 에너지의 사용과 환경

책

김재호, 《레이첼 카슨과 침묵의 봄》, 살림, 2009

김종석·강은숙, 《엘리너 오스트롬, 공유의 비극을 넘어》, 커뮤니케이션북스, 2016

김종철, 《근대문명에서 생태문명으로》, 녹색평론사, 2019

김종철, 《大地의 상상력》, 녹색평론사, 2019

김종철, 《비판적 상상력을 위하여》, 녹색평론사, 2022

다이앤 포시, 최재천·남현영 옮김, 《안개 속의 고릴라》, 승산, 2007

레이철 카슨, 김은령 옮김, 《바닷바람을 맞으며》, 에코리브르, 2017

레이철 카슨, 김은령 옮김, 《침묵의 봄》, 에코리브르, 2011

레이철 카슨, 김홍옥 옮김, 《우리를 둘러싼 바다》, 에코리브르, 2018

레이철 카슨, 표정훈 옮김, 《센스 오브 원더》, 에코리브, 2012

린다 에볼비츠 마셜, 길상효 옮김, 《시골은 시골로 남겨 둬야 해》, 씨드북, 2020

박홍규, 《나의 헨리 데이비드 소로》, 필맥, 2008

비루테 갈디카스, 홍현숙 옮김, 《에덴의 벌거숭이들》, 디자인하우스, 1996

사이 몽고메리, 김홍옥 옮김, 《유인원과의 산책》, 다빈치, 2001

슈테판 에레르트, 김영옥 옮김, 《나무들의 어머니, 왕가리 마타이》, 열림원, 2005

스베틀라나 알렉시예비치, 김은혜 옮김, 《체르노빌의 목소리》, 새잎, 2011

스베틀라나 알렉시예비치, 박은정 옮김, 《아연 소년들》, 문학동네, 2017

스베틀라나 알렉시예비치, 박은정 옮김, 《전쟁은 여자의 얼굴을 하지 않았다》,
　문학동네, 2015

엘리너 오스트롬, 윤홍근 옮김, 《공유의 비극을 넘어》, 랜덤하우스코리아, 2010

왕가리 마타이, 이수영 옮김, 《지구를 가꾼다는 것에 대하여》, 민음사, 2012

왕가리 마타이, 최재경 옮김, 《위대한 희망》, 김영사, 2011

제인 구달, 박순영 옮김, 《제인 구달》, 사이언스북스, 2005

제인 구달, 박순영 옮김, 《희망의 이유》, 궁리, 2011

제인 구달, 최재천·이상임 옮김, 《인간의 그늘에서》, 사이언스북스, 2001

짐 오타비아니, 박영록 옮김, 《유인원을 사랑한 세 여자》, 서해문집, 2014

헨리 데이비드 소로, 강승연 옮김, 《시민의 불복종》, 은행나무, 2017

헨리 데이비드 소로, 강승영 옮김, 《월든》, 은행나무, 2011

83쪽 ©Homoatrox; 위키미디어

92쪽 ©Simon Fraser University; 플리커

94쪽 ©Smithsonian Institution Archives

100쪽 ©Simon Fraser University; 플리커

108쪽 ©Ministry of External Affairs(GODL-India); 위키미디어

118쪽 ©OTFW; 위키미디어

124쪽 ©동아일보; 뉴스뱅크

128쪽 ©Vindheim; 위키미디어

132쪽 ©녹색평론사

138쪽 ©Paul Wamala Ssegujja; 위키미디어

149쪽 ©Scottish Government; 플리커

154쪽 ©Mikedixson; 위키미디어

159쪽 ©Richard Croft; 지오그래프

165쪽 ©Lauren Manning; 플리커

168쪽 ©UN Environment; 위키미디어

173쪽 ©Carlos Adampol Galindo; 플리커

179쪽 ©KAG1LP2MDIAKITE; 위키미디어

다른 포스트

뉴스레터 구독

지구를 선택한 사람들
우리 지구를 위해 행동한 11명의 환경 이야기

초판 1쇄　2023년 5월 5일
초판 2쇄　2024년 4월 30일

지은이　박재용

펴낸이　김한청
기획편집　원경은 차언조 양희우 유자영
마케팅　현승원
디자인　이성아
운영　설채린

펴낸곳 도서출판 다른
출판등록 2004년 9월 2일 제2013-000194호
주소 서울시 마포구 동교로 27길 3-10 희경빌딩 4층
전화 02-3143-6478　**팩스** 02-3143-6479　**이메일** khc15968@hanmail.net
블로그 blog.naver.com/darun_pub　**인스타그램** @darunpublishers

ISBN 979-11-5633-538-2 44000
　　　979-11-5633-437-8 (세트)

다른 생각이
다른 세상을 만듭니다